シリーズ「キリストの愛に基づくグリーフケア」

聴くことからはじまる

わたしはあなたとともにいる

岩上 真歩子
Iwagami Mahoko

いのちのことば社

はじめに

キリストの愛に基づくグリーフケア

グリーフケアの視点から改めて聖書を読むと、そこには「神さまから人へのグリーフケア」が満ちていることに目が開かれます。グリーフケアとは、「喪失体験から生じるグリーフをケアすること」です。ここでの「喪失体験」は死別に限定されません。人は目に見えるもの、目に見えないものを喪失しながら生きていきます。例えば、親しい友人や恋人との別れ、失業などを通して、信頼感や自尊心を喪失するかもしれません。年を加えるにつれて視力や記憶力が落ちると、自信を失う人もいるでしょう。人生は喪失の連続ですが、その一つ一つの喪失体験がグリーフケアの対象となりえます。

しかし、「キリストの愛に基づくグリーフケア」では、そのような喪失だけではなく、「根本的な喪失」に目を向けます。創世記3章には、人とその妻が神である主の御顔を避けて、園の木の間に身を隠したことが記されています。この時に、人はもともと創造された「神のかたち」を喪失しました。「ちょうど一人の人によって罪が世界に入り、罪によって死が入り、こうして、すべての人が罪を犯したので、死がすべての人に広がった」(ローマ5・12)のです。罪によって入ってきた「死」というのは、神さまとの生きた親しい交わりが失われたことを意味します。それだけではなく、神さまが創造してくださった「神のかたち」がゆがめられてしまいました。私たちが経験するすべての喪失の原因が罪であると、直線的に結びつけているわけではありません。しかし、罪による神のかたちのゆがみは、確実に人間関係、夫婦や家族関係などあらゆるところに影響しています。

次に、グリーフです。グリーフとは、「喪失体験から生じるさまざまな感情」です。「さまざまな感情」には、悲しみ、怒り、寂しさ、自責感、罪悪感などが含まれます。同じような喪失を体験しても、グリーフを感じる人と感じない人がいます。喪失対象との関係性が浅い場合には、それほどグリーフを感じないばかりか、喪失したことにすら気づかないかもしれません。一方、喪失対象に対して深い愛着を感じている人は、グリーフを感じることでしょう。グリーフ反応に、良い反応も悪い反応もありません。同じようなグリーフを感じていても、表現の仕方はさまざまです。また、「神のかたち」の喪失にもグリーフを感じる人と感じない人がいます。神さまに愛されていることを知らない人は、「神のかたち」を喪失していることにグリーフを感じることはないでしょう。しかし、聖霊が働いてくださり目が開かれる時、自分自身が神さまに背を向けて歩き続けているために主のみこころを痛めていることに気づかされます。主の前に悔い改め、主とともに歩き始める時、聖霊なる主は、その人の生涯にわたり、「神のかたち」を回復してくださいます。

最後に「ケア」について、短く触れたいと思います。「ケア」とは「気にかけること、配慮すること」であり、「癒やし」を意味する「キュア」ではありません。『キュア』は専門家にしかできないかもしれませんが、『ケア』は誰にでもできます」と、これまで教えられてきました。「キュア」は医療従事者等の専門家の領域であるのは確かにそのとおりでしょう。しかし、「ケア」というのは、本当に誰にでもできることでしょうか。実のところ、「ケア」は「キュア」よりも難しいとも思うのです。ヘンリ・ナウエンは『静まりから生まれるもの』の中で「ケア」について次のように述べます。

本当の配慮《ケア》とは、あいまいなものではありません。それは無関心ではないことであり、冷淡さとは対極のものです。「ケア」という言葉の語源は、ゴート族の言葉で、心を痛め、悲しむという意味の「カラ」から来ています。ケアの本来の意味は、心を痛めること、悲しみを経験すること、ともに叫ぶことです。(1)

グリーフの中にある人への思いはあっても、ケアするのが難しいと感じる時があります。聖書には「喜んでいる者たちとともに喜び、泣いている者たちとともに泣きなさい」（ローマ12・15）と書かれてあります。「泣いている者とともに泣くよりも、喜んでいる者とともに喜ぶほうが難しい」と聞いたことがありますが、私は「泣いている者とともに泣く」というのも「喜んでいる者とともに喜ぶ」ことと同じくらい難しいように思います。相手の立場に立って共感することなしに、このみことばを実践することはできませんが、いつでも誰に対しても共感できるとは限りません。聖霊による助けが必要です。

このように、「キリストの愛に基づくグリーフケア」は、贖《あがな》われたクリスチャンが聖霊に導かれながら行うグリーフケアです。死別だけではなく、「神のかたち」の喪失を含む、さまざまな喪失が対象です。すべての人が「神のかたち」の喪失体験に対してグリーフを感じ、神さまからのグリーフケアを受けてほしいと思います。教会は、キリストの愛に基づくグリーフケアを受けている人たちの集まりであり、その使命は、さまざまな喪失から生じるグリーフの中にある人たちに主にある慰めを提供することです。

また、自分自身のためにもグリーフケアは必要です。人のグリーフや痛みに敏感に気づくことができても、自分の心にあるグリーフに気づくのが難しい場合があります。「あの人は傷ついているから」と人のグリーフを指摘しながら、自分自身のグリーフは心の奥に押し込み、感じないようにしているのかもしれません。一時的にはそれができたとしても、そのグリーフは確かにそこにあるのです。何かのきっかけでそれが思い出されて苦しくなることもあります。あるいは、誰かに対して心ない言葉を投げかけるなど、知らず知らずのうちに他の人にグリーフを与えてしまうかもしれません。ですから、自分自身のためにもグリーフケアが必要なのです。

ダビデは祈りました。

神よ　私を探り　私の心を知ってください。
私を調べ　私の思い煩いを知ってください。
私のうちに　傷のついた道があるかないかを見て
私をとこしえの道に導いてください。（詩篇139・23〜24）

主の前に心を明け渡し、探っていただきたいと思います。主はそれぞれが抱えるグリーフをケアし、「神のかたち」へと回復してくださるでしょう。グリーフケアを必要としない人は一人もいないのです。キリストの愛に基づくグリーフケアがすべての人に届きますようにと祈ります。

聴くことからはじめる

私が「グリーフケア」という言葉を初めて聞いたのは、今から十年以上前のことです。大学院で臨床心理学を学んでいた時、自死遺族の方々からお話を聴かせていただく機会がありました。自死は「封印された死」と言われます。家族が自死で亡くなったことを家族以外の人には話せない、話さない自死遺族は少なくありません。信頼できる人に勇気を出して話をしても、聴き手から驚くような反応をされると、「やはり話してはいけないことなのだ」と改めて封印することもあります。聴き方によっては、せっかく話し始めた人の思いを封じ込めてしまうこともあることを知りました。この時、「聴く」ということについて学ばなければ、知らず知らずのうちに相手に痛みを与えてしまうことになりかねないと思いました。

大学院を卒業してから、さまざまな臨床の現場で働きました。虐待対策ワーカーとして虐待通告のあった家庭を訪問していた時もあります。近隣などからの通告を受け、該当する家庭を訪問します。虐待の事実があるかどうかを確認し、その状況に応じて必要な支援をするのが目的です。あくまでも支援をするための訪問ですが、突然の訪問が歓迎されることはほとんどありません。イライラしながら対応されることが多かったように思います。大声で怒鳴られ続ける時には、一一〇番が押せるように片手に携帯電話を準備していました。必要な支援をするためには、現状を確認するだけではなく、相手の考えや思いを聴いて受け止める必要があります。しかし、そのような極度の緊張状態では、相手の話よりも、自分自身の心臓の鼓動に注意が向きます。それでも、経験を重ね、徐々にどのような状況であってもある程度落ち着いて聴けるようになりました。すると、相手の語りに変化が見られ、子育ての悩み、経済的な困難、話し相手のいない寂しさなどが語られたのです。その話を丁寧に受け止めることで、それぞれが直面している問題に一緒に取り組む関係性が築かれることもありました。虐待対策ワーカーの時の経験は、さまざまな緊張下で相手の怒りやいら立ちに巻き込まれることなく話を聴く訓練になりました。

その後、被災地の中長期支援に携わるようになりました。被災地の子ども園や幼稚園でのカウンセリング、避難所の訪問や被災者のカウンセリングをしながら、支援者を対象とした傾聴セミナーを月に一度、二年間継続しました。このような支援活動を通じて、被災地支援は目に見えるもの、目に見えないものを突然喪失し、その喪失体験から生じるグリーフをケアする「グリーフケア」の働きであり、その中心は「聴く」ということであると認識しました。「同じようなもの」を喪失しても、その喪失体験の仕方は異なります。グリーフ反応もさまざまです。ですから、それぞれに耳を傾けることが支援の始まりです。もちろん、災害直後は泥かきをする、物資を運ぶなどの支援活動が中心ですが、そのような作業も聴くことなしにはできません。聴くというのは、なにも言葉で語られることだけに耳を傾けることではないのです。被災者の様子を観察し、必要に応じて医療につなぐこともあります。中長期支援では、ますます話を聴くことが求められます。家や家具など目に見えるものの喪失は、掃除や片付けなどを通して整理されていくでしょう。でも、震災前の状態に戻ることのない現実を受け止め、生活の不安、孤独、失望感など、目には見えない喪失から生じるグリーフをケアするのには長い時間がかかりますし、聴き手の存在が不可欠です。

このようにグリーフケアをする時には、聴くことから始めます。人の話を聴くことなしには、相手の必要（ニーズ）が分からないからです。でも実際は相手の話を聴くことなくアドバイスをしてしまうことが多いようにも思います。人の話を聴くということに心して取り組んでみると、十分に聴けていない自分に気づきます。その気づきは宝です。人の話を聴いているようで実は聴けていない自分に気づけば、聴くことに意識して取り組み始めるからです。

「誰が」聴く、「誰に」聴く

「誰が」というのは、グリーフケアをする人です。「誰に」は、神さま、グリーフの中にある人、そして自分自身です。

神さまに聴く

聖書は神さまから人へのグリーフケアで満ちています。神さまはどのようなお方であるのか、神さまは人にどのように関わってくださるのか、神さまとの交わりを通して知ることができます。「知る」というのは知識として知るだけではなく、体験として知ることです。例えば、神さまは憐れみ深い方であることを知っています。しかし、そのことを体験しているでしょうか？　主とともに歩む日々の生活の中で、主のみことばに耳を傾け、主に祈ることを通して知ることができますし、神さまの憐れみ深さを体験すればするほど、「私も憐れみ深い者とつくり変えてください」との祈りに導かれていくことでしょう。神さまは私たちを「神のかたち」へと回復したいと願っておられるのですから、そのことを祈り求め、取り組んでいきたいと思います。私たちの心が変えられていくことで、グリーフの中にある人の話に丁寧に耳を傾け、共感しながらケアすることができるように変えられていきます。

グリーフの中にある人に聴く

グリーフケアに限らず、人への支援は聴くことから始めます。聴くというのは、相手が語る言葉だけではありません。言葉になる前の思いが表情に現れることもありますから、相手の様子を観察することも必要です。傾聴の「聴」には目、耳、心という漢字が含まれているので、聴く側は目と耳と心で聴くと教えられたことがあります。人の話を聴くというのは、人と人の関係構築の基本であり、相手の存在を認めているというメッセージでもあります。

グリーフケアにおいて、傾聴は土台です。人の話が聴けなければ、グリーフケアをするのは難しいと思います。せっかく心を開いて話をしてくれた人に「話すべきではなかった」と思わせてしまうかもしれません。そのことに気づくことができればまだよいのですが、「聴く」ということに意識的に取り組んでいなければ、相手の話を聴くことができていない自分に気づくことすらできずに、同じことを繰り返してしまいます。グリーフケアの中心は聴くことです。聴くことには日常生活から意識して取り組む必要があります。

自分自身に聴く

グリーフケアをしながら、自分自身に聴くことは欠かせません。人のグリーフケアをしながら、自分自身の感情や思いにも意識を向けます。人の話を聴く時には、心と心が触れ合います。ですから、自分自身を空にして人を支援することはできません。人の話を聴きながら疲弊している自分、傷んでいる自分、喜びや悲しみを感じている自分など、自分の心にも耳を傾けていかなければ、知らず知らずのうちにバーンアウトしてしまいます。自己ケアのためにはさまざまな方法がありますが、まずは自分自身に聴くことから始める必要があると思います。

愛する人と死別した遺族の支援にしても、被災地支援にしても、「自分に何ができるのか」と問えば、聴くことしかできないと思う方は少なくないでしょう。相手の必要を知ったとしても、何もできない自分に直面することは少なくありません。人が人を支援するには限界がありますが、その限界を知ることは恵みです。その時こそ自分自身に耳を傾けます。自分の弱さや足りなさに気づけば、神さまに祈り求めることでしょう。「神さま、あなたのみこころはどこにあるでしょうか？　私に何ができるでしょうか？」と神さまの導きを求める祈り、そして、何もできないと感じる時にも「私には何もすることができません。神さま、助けてください」と御業《みわざ》がなされることを求める祈りをささげることができます。祈りの中で、自分の愛の足りなさを示されるかもしれません。その時には、「神さま、私を愛の人に変えてください」と祈りましょう。その時、自分自身の内面においてもグリーフケアが進みます。グリーフケアとは、神のかたちの回復のプロセスです。

　このように、グリーフケアをする時には、神さまに聴く、グリーフの中にある人に聴く、そして自分自身に聴くという三方面を意識して行うことで深められていきます。そのすべてのプロセスにおいて聖霊の導きが必要です。聴くことを通して、神さまがどのような方なのか（神観）、相手がどのような人なのか（人間観）、自分自身がどのような者なのか（自己認識）が変わっていきます。このような営みが個人間だけではなく、コミュニティの中でなされる時、主を中心としたコイノニア（共同体）が形成されていきます。これは聖霊の働きです。

本書の対象

本書は、キリストの愛に基づくグリーフケアに取り組みたいと願うすべての人を対象にしています。グリーフケアをするためには、神さまに聴く、グリーフの中にある人に聴く、自分自身に聴くことに意識的に取り組む必要があります。傾聴はグリーフケアの土台ですから、誰かのためのグリーフケア、そして自分自身のグリーフケアのために、聴くことから始めてください。また、グリーフケアに限らず、「聴く」ということに関心のある人にも参考になるようにと願っています。

本書では、なるべく多くの事例を紹介することで、机上の学びではなく、実践に結びつくようにと工夫しました。本書で紹介する事例は、複数の事例を組み合わせることで、特定の個人を識別できないようにしています。また、必要な場合には当事者から事例掲載の許可もいただきました。

すべてのクリスチャンが、そして教会が、聖霊に導かれながら神に聴く、人に聴く、自分に聴くことに取り組むことで主にある共同体が築かれます。そして、聴くことについて学び実践することを通して、キリストの愛が周りの人々に伝えられ、グリーフの中にある方々が神さまに出会い、神さまとの関係が深められるための一助となれば幸いです。

本書の構成

第1部　神はわれらとともにいる

創世記3章で主の御顔を避けて身を隠した人に、神さまは「あなたはどこにいるのか」と問われました。この問いかけから、人を愛し、人とともにいたいと願われた神さまの愛が伝わってきます。人が背いた後も、神さまは見捨てることなく、人とともにいたいと願われ、ともにいることを約束し、ともにいるための道を備えてくださいました。私たちの祈りに耳を傾け、みことばを通して語られる神さまとの交わりを通して、人は神のかたちへと造り変えられていきます。第1部は、このようにご自身の契約に真実であってくださり、「わたしはあなたとともにいる」と聖書全体を通して語られる神さまの御声を聴いていきたいと思います。そうすることで、神さまから人への愛を知ることでしょう。

聴くということは、ともにいることです。そして、その動機は愛です。

第2部　わたしはあなたとともにいる

人の話を聴くというのは、その人と「ともにいる」ということです。しかし、本書の中で何度も繰り返しますが、人が人とともにいることには限界があります。私たちは、ともにおられる神さまとともに歩み、神さまの愛を知ることで、人を愛し、人とともにいることができるように心が変えられていきます。第2部では聴くための基本姿勢について学びますが、その大前提として聴き手の存在（プレゼンス）の重要性があります。聴き手の存在がなければ、人は話し始めることができません。

次に、聴く人はどのように話を聴いていけばよいでしょうか。その姿勢をアメリカの心理学者カール・ロジャーズの「カウンセラーの中核三条件（無条件の積極的関心、共感的理解、自己一致）」から学んでいきたいと思います。これは、カウンセラーとクライアントの関係性の中で、カウンセラーが持つべき姿勢として整理されたものですが、私はカウンセラーに限らず、誰かの話を聴きたいと願うすべての人にとって必要な姿勢であると思います。姿勢というのは、日常生活の中で身に付きます。ですから、私はカウンセリングの場に限らず、日常的な会話の中でも、ロジャーズの三条件を意識しながら人の話を聴く練習をするように努めています。人とともにいて、人の話を聴くための基本姿勢を習得していきましょう。

第3部　グリーフの中にある人とともにいる

第2部で学ぶ基本姿勢を用いながら、グリーフの中にある人に聴いていきたいと思います。本書では、グリーフプロセスにおいてストーリーを書き換えること、そこに伴う聴き手の役割などを中心に学びます。そのためにもまずは、喪失やグリーフ反応を聴くことが必要です。キリストの愛に基づくグリーフケアの基本を、聴くという視点から復習します。最後に、グリーフの中にある人、グリーフケアをする人、双方が感じるスピリチュアルペインについてともに考えます。その上で、クリスチャンに与えられている恵みである「嘆き」に触れます。ともにいる、ともに歩く、ともに嘆くことを通して、キリストの愛に基づくグリーフケアを実践していきたいと思います。

『聴くことからはじまる』

グリーフケアは、神さまに、グリーフの中にある人に、自分に聴くことから始めますが、本の題名は『聴くことからはじまる』にしました。私たちは聴くことをはじめることはできます。しかし、話を聴いたからといって、その人の心の中に必ずしもグリーフケアがはじまるとは限りません。人のグリーフがケアされるのは主の御業であり、私たちのタイミングで始めることはできないのです。神さまに聴き、グリーフの中にある人に聴き、自分自身に聴きながら、神さまの導きを祈ります。『聴くことからはじまる』という題は、人である自分自身の限界に対するわきまえ、たとえそうであっても神さまから受けた愛を伝える者でありたいとの願い、そして、グリーフの中にある方を誰よりも愛しておられる創造主なる神さまが御業をなしてくださるとの信仰に基づいています。

目次

装幀　長尾契子（Londel）

第1部
神はわれらとともにいる

聖書の中で神さまから一貫して語られているメッセージは、「わたしはあなたとともにいる」です。そもそも人は「神さまとともにいる」ために創造されました。神さまは恵み深いお方で、神さまご自身からみこころに背いた人に近づき、ともにいるための契約を結んでくださいました。人が真実でなくても、神さまはその契約に真実であってくださいます。「神さまがともにいてくださる」との恵みは、私たちがグリーフの中にある人とともにいる原動力になります。ともにいてくださる神さまの愛に包み込まれることで、私たちの心は愛の心に変えられていくのです。

グリーフの中にある人のために何もできない無力感にさいなまれる時、ともにいてくださる神さまに祈り、助けを求めることもできます。「グリーフケアは私にはできません」という方がいますが、私もその一人です。自分だけの力で誰かにグリーフケアをしたり、人の話を聴いたりすることはできません。「キリストの愛に基づくグリーフケア」は、「わたしはあなたとともにいる」と約束してくださる神さまとともに、神さまに導かれながら行います。

第1部では聖書を読みながら、私たちとともにおられる神さまの御声に耳を傾けたいと思います。

第1章　ともにおられる神

ともにいるための創造

神である主は、その大地のちりで人を形造り、その鼻にいのちの息を吹き込まれた。それで人は生きるものとなった。（創世2・7）

人は、神さまによっていのちの息が吹き込まれ、生きるものとなりました。十八世紀英国のメソジスト運動の創始者ジョン・ウェスレーは『主の山上の説教Ⅳ』の中で、神と人のたましいは結合しており、その中に神のいのちの息があると語っています。[2]「いのちの息」とは神の霊を意味します。人は神さまからいのちを与えられ、たましいの深い部分で神さまとともにあり、神さまとともに生きるために創造されたのです。ですから、神さまとともに生きることなしには満たされることのない空虚感を感じます。それを別の何かで埋めようとしても、満たされることはありません。

依存症の方のカウンセリングをすることがあります。アルコール依存、薬物依存、買い物依存、ゲーム依存など、依存の対象はさまざまですが、依存症になる背景には喪失体験があり、それがケアされていないケースが多いと思います。「グリーフと依存」という研修で、喪失体験がグリーフを生じさせ、そのグリーフを紛らわすためにアルコールや薬物に依存するようになり、次第に「依存症」になるメカニズムを教わりました。アルコールや薬物に依存していることを誰かに話すと責められるのではないかとの恐れや「ダメな自分」をさらす恥ずかしさから依存を隠そうとする場合もあるようです。こうして、彼らの心にあるグリーフはケアされることなく心の奥に埋められ、依存症はますます悪化していきます。依存するべきではないものに依存して自分を保とうとするうちに、自分で自分をコントロールすることができなくなるばかりか、逆に依存対象によってコントロールされてしまい、自分が壊されていくことにもなりかねません。喪失からくるグリーフはケアされる必要があります。

人は神さまとともに生きるために創造されました。神さまとの関係を喪失しているのですから、その喪失感は神さまとともに生きることでしか満たされません。また、生きる上で人はさまざまなものを喪失し、グリーフを感じることもあるでしょう。そのグリーフの中で神さまと出会い、神さまとの関係を深めつつ、神さまの愛によってケアされながら生きていきたいと思います。人は神さまによっていのちが与えられ、神さまから愛されながら生きていくために造られたからです。

ともにいない選択――アダムとエバの堕罪

「あなたがたは決して死にません。それを食べるそのとき、目が開かれて、あなたがたが神のようになって善悪を知る者となることを、神は知っているのです。」（創世3・4〜5）

これは蛇（サタン）がエデンの園で人を誘惑した時の言葉です。サタンの誘惑の核心は、人が「神のようになる」ということでした。つまり、神さまに拠り頼まなくても、神さまがともにおられなくても何の問題もない、究極的には、人には神さまなど必要ない、人が神さまのようになれるのだ、という誘惑です。

エバはこの誘惑に乗ってしまいました。どこまでサタンの誘惑の意味を理解していたのかは分かりませんが、欲望に抗《あらが》えずに、アダムとともに善悪を知る知識の実を食べました。これは何を意味するのでしょうか。神さまとともに生きるために創造された人が、神さまとともに生きないという選択をしたということです。神さまに依存せず、自分の力で生きるという独立宣言です。ここに罪の本質があります。こうして、創造された時に与えられた「神のかたち」を失ってしまったのです。

そよ風の吹くころ、彼らは、神である主が園を歩き回られる音を聞いた。それで人とその妻は、神である主の御顔を避けて、園の木の間に身を隠した。（同3・8）

人は、「食べれば必ず死ぬ」と言われていた禁じられた木の実（同2・17）を食べて、神である主の御顔を避けて、園の木の間に身を隠しました。そこに神さまの呼びかけが聞こえてきます。

神である主は、人に呼びかけ、彼に言われた。「あなたはどこにいるのか。」（同3・9）

「あなたはどこにいるのか」という神さまからの問いかけについては、拙著『キリストの愛に基づくグリーフケア』の中でも注目しました。また繰り返し、タリタ・クムで主催するグリーフケアセミナーの中でも思い巡らす時を持ちました。「何をしているのか！」と神さまが人を非難しているように捉える人、「分かっているから大丈夫、出てきなさい」と慰めの声かけと捉える人など、さまざまな反応がありました。どの解釈が正しい、間違いということではありません。それぞれがみことばに聴き、主に語られることで、主との関係が深められていきます。私も「キリストの愛に基づくグリーフケア」を体系化しながら、何度も「あなたはどこにいるのか」との神さまの御声を思い巡らしました。そのたびに心が締め付けられるような痛みを感じてきました。神さまが大地のちりで人を形造り、その鼻にいのちの息を吹き込み、エデンに園を設け、人を置かれた時、人との交わりを楽しみにされていたこと、「園のどの木からでも思いのまま食べてよい」(同2・16)と自由に園の木の実を享受する恵みを与えているのに、たった一つの約束を守ることができず、主の御顔を避けて身を隠している人に声をかけた時、神さまはどのようなお気持ちだったのだろうと想像します。そして、これまでの私自身の歩みを振り返り、みこころを痛めてしまった時のことを思い出すと心が痛みます。

「あなたはどこにいるのか」との問いかけは、人を断罪するため、エデンの園を追放するための譴責《けんせき》の声というより、罪のゆえにともにいられなくなったことを悲しみ、それでもなお、人を探し求める、恵みに満ちた愛の御声です。「どこにいるのか」との問いかけには、「わたしはあなたとともにいたい、そのためにあなたを造ったのだから」との神さまの思いが込められているように思います。神さまによって造られたすべての人に対して向けられている中心的なメッセージがここにあります。私たちはこの神さまの御声に耳を傾け、神さまの思いを想像しているでしょうか。

私たちは自分の視点から物事を考え、他者の思いを想像するのは二の次になりがちです。リストカットをする中学生は、「自分のからだを傷つけているから悪くない」、「人に迷惑をかけていないから、かまわないでほしい」と言います。しかし、リストカットはＳＯＳの叫びです。友だちとうまくいかない、教室に入ることができない、家庭でも誰も分かってくれないなど、さまざまなグリーフを抱えているので苦しいのでしょう。しかし、彼らのことを思い、一緒に悩み苦しんでいる人がいることも事実です。自分の視点から物事を捉え、殻に閉じこもることで、気にかけてくれている人のことは考えられなくなります。「神のかたち」の喪失による影響がここにもあります。

さて、「食べれば必ず死ぬ」と言われていたように「死」がこの世界に侵入し、その支配が始まりました。「いのちの木からも取って食べ、永遠に生きることがないように」（同３・22）とエデンの園、つまり「神さまとともに住む世界」から追放されました。その後、人が堕落していく様子が、聖書につづられています。カインは弟アベルをねたみ、殺します。そして、アベルの血が流された大地は呪われ、作物を生じなくなりました。「大地は、あなたのゆえにのろわれる」（同３・17）とのみことばのとおりです。人の罪は、家族に、そして社会に広がり、多くのグリーフを生じさせました。それだけではなく、人とともにいたいと願われた神さまにもグリーフを与えたことを忘れないようにしたいのです。

恵みによる契約——ノアとアブラハム

ノア

主は、地上に人の悪が増大し、その心に図ることがみな、いつも悪に傾くのをご覧になった。それで主は、地上に人を造ったことを悔やみ、心を痛められた（創世6・5〜6）

人が地に増え広がるにつれて、罪もまた増え広がりました。創世記6章では、神さまは人を創造されたことを悔やみ、心を痛められたとあります。こうして、神さまは人を地の面《おもて》から消し去ろうと洪水を起こされました。そのような悪が増大する時代にノアは生きていたのです。

しかし、ノアは主の心にかなっていた。

これはノアの歴史である。

ノアは正しい人で、彼の世代の中にあって全き人であった。ノアは神とともに歩んだ。（同6・8〜9）

ノアは堕落した時代に生きていましたが、神さまとともにいました。しかし、ノアもまた罪人です。それでもノアは神とともに歩んでいましたので、神さまはノアとその家族を憐れみ、洪水による滅びの中を、箱舟を通して救い出してくださいました。洪水の後、神さまはノアを祝福し、ノアと契約を結んでくださいましたが（同9・9〜17）、洪水前と後で、人の心が変化したわけではありません。神さまは、それからも人の悪が増大していくこと、人の心に図ることがみな、いつも悪に傾くことを知っていましたが、それでもノアと契約を結んでくださったのです。すべては神さまの恵みによります。

その後、ノアの子孫が増え広がっていきます。しかし洪水後の世界もまた罪に満ちた世界でした。その最たるものは、バベルの塔です。人々は力を合わせて都市を建設し、天に届く高さの塔を建てようとします。神さまに対抗し、自分たちの力を誇示しようとしたのです。神さまは、彼らの言葉を混乱させて、地の全面に散らされるのです（同11・1〜9）。ノアは神さまとともに歩みましたが、その子孫は神さまを拒絶し、ともに生きようとはしませんでした。それでも、神さまは人を見捨てず、恵みを注ぎ続けてくださいます。

アブラハム

聖書を読み進めていくと、神さまは一人の人物を選び、その家族を通して、人間を救うための働きを始めます。それがアブラハムです。

主はアブラムに言われた。

「あなたは、あなたの土地、

あなたの親族、あなたの父の家を離れて、
わたしが示す地へ行きなさい。
そうすれば、わたしはあなたを大いなる国民とし、
あなたを祝福し、
あなたの名を大いなるものとする。
あなたは祝福となりなさい。」（創世12・1～2）

神さまはアブラハムに近づき、アブラハムを選び、彼とその子孫に祝福を約束されました。神さまはアブラハムとも契約を結ばれます。子どもが与えられず将来の不安を抱えるアブラハムを外に連れ出し、満天の星空を見せ、あなたの子孫はこのようになると約束されました（同15・1～6）。そして、しるしを求めるアブラハムの願いに応じて、契約の儀式を執り行います。二つに引き裂かれた動物の間を、契約を結ぶ者たちが通るという、当時のメソポタミアで行われていた儀式でした（同15・7～21）。ここでは神さまだけが動物の間を通っています。アブラハムは通っていません。これは、契約が破られるならば、神さまが呪いを引き受けるという誓約をされたことを意味します。神さまは契約を結ぶことで、アブラハムとその子孫とともに生きると約束されました。

アブラハムは、ハガルとの間にイシュマエルをもうけ、この契約から離れそうになります。けれども、神さまはアブラハムに近づき、回復の機会を備えて、契約を更新してくださいました（同17章）。そして約束のとおり、アブラハムにイサクをお与えになりました（同21・1～7）。主はイサクとともにおられ（同26・3、24、28）、さらにヤコブ、そしてヤコブの十二人の息子たちが祝福を受け継ぎます。神さまはヤコブの生涯にわたり、彼とともに歩き続けてくださいました（同28・15、31・3、35・3）。ヤコブの子のヨセフはエジプトに奴隷として売られてしまいますが、神さまはヨセフとともにおられ（同39・2、21）、エジプトで成功させてくださいました。人は神さまに背きますが、神さまは人を愛し、神さまのほうから近づき、祝福してくださいます。

カウンセリングをしていると、「ギブ・アンド・テイク」で物事を捉えているために人間関係がこじれていると思うことがよくあります。例えば、「自分も悪いけれど、相手も悪い。相手が謝るなら自分も謝る」と「ギブ・アンド・テイク」で考えるので、どちらも謝ることができず和解には至りません。あるお母さんから相談されました。「子どもに厳しすぎました。これまで子どもにひどいことも言ってきました。叩くのも日常茶飯事でした。最近、子どもが口を利かなくなり、私に暴力を振るうようになってしまった、どうしたらいいでしょうか。」私は、「そんなふうに思っているならば、お母さんから謝るというのもありますね」と提案してみると、すかさず「いや、私も悪いですが、子どもからもひどいことを言われたので謝りません。子どもが謝るなら私も謝るかもしれません」と反論されました。お母さんの立場に立って考えれば、その気持ちは分からなくもありません。でも、そんなことをしていれば子どもとの関係は悪化していくばかりであることは明白です。それでも相手が謝るまでは「ごめんなさい」の一言が言えず、和解の日は遠ざかっていきます。

もし神さまが「ギブ・アンド・テイク」で考えるならば、人はずいぶん前に滅びてしまっていることでしょう。神さまは憐れみ深い方ですから、人の罪に傾く性質をご存じの上で、人をゆるし、人を愛し続ける方です。その神さまのご性質が契約の中に表されています。

ともにいる恵み（ヘセド）――出エジプトとシナイ山

出エジプト

それから何年もたって、エジプトの王は死んだ。イスラエルの子らは重い労働にうめき、泣き叫んだ。重い労働による彼らの叫びは神に届いた。神は彼らの嘆きを聞き、アブラハム、イサク、ヤコブとの契約を思い起こされた。（出エジプト2・23～24）

エジプトで奴隷生活を強いられているイスラエルの民の叫びと嘆きの声を聞いた神さまは、民をエジプトから救い出すための働きを始めます。神さまはモーセを選び、ナイル川の水の中から救い出されました。民のリーダーとなることに失敗したモーセはミディアンに逃れ、羊飼いとなりますが、神さまは燃える柴の中で、モーセに現れ、エジプトからイスラエルの民を導き出す指導者として召したのです（同3・1〜22）。このエジプトからの救いは、アブラハム、イサク、ヤコブとの契約に基づくものでした。神さまは彼らとの祝福の約束を決して忘れておられず、その約束を忠実に果たそうとされたのです。

アブラハム契約に基づいて、神さまはイスラエルを救い出すためにモーセを選び、彼とともに歩まれました。神さまがモーセをエジプトにいるイスラエルの民のもとへ、またファラオのもとへ遣わす時には、「わたしが、あなたとともにいる。これが、あなたのためのしるしである」（同3・12）と約束され、そのみことばどおりにモーセとともにいてくださいました。昼は雲の柱、夜は火の柱の中にあって、神さまはイスラエルを導き（同13・21〜22）、エジプトから救い出してくださったのです（同14・1〜31）。

その後、神さまは民を荒野へ、さらにはシナイ山へと導かれましたが、その道のりにおいて民は不信仰の連続でした。それでも、神さまはシナイ山でご自身を現し、契約を結ばれました。

滅ぼされても仕方のないような民に対して、神さまは恵みを注ぎ続けたのです。

シナイ山

あなたの神、主であるわたしは、ねたみの神。わたしを憎む者には父の咎《とが》を子に報い、三代、四代にまで及ぼし、わたしを愛し、わたしの命令を守る者には、恵みを千代にまで施すからである。（出エジプト20・5〜6）

神さまは民をシナイ山へと導かれ、そこで律法（トーラー）を授けられ、ご自身が恵みを施す神であることを明らかにしました（同20・6）。ここで「恵み」と訳されているヘブル語は「ヘセド」です。「ヘセド」とは「契約関係における愛」と定義することができます。シナイ山において神さまがイスラエルと結ばれた契約は、ヘセドに基づく契約でした。神さまのご性質である「ヘセド」について、ジョン・N・オズワルトは、「そうすべき義務がないにもかかわらず、そして受けるに値しない相手であるにもかかわらず、誠実に寛容を示していくという要素が含まれています」と説明します[3]。何度も契約を破り続けるイスラエルの民を見放さず、民とともに居続けてくださる恵みが「ヘセド」です。

神さまの恵みを受けているにもかかわらず、民は罪を犯し、シナイ契約は破綻の危機を迎えます。シナイ山からモーセが下りて来ないため、民はアロンに「われわれに先立って行く神々を、われわれのために造ってほしい」（同32・1）と要求し、アロンと民は金の子牛を造り、偶像礼拝を行うのです。神さまから「偶像を造るな、拝むな」と十戒で命じられていましたが、民はすぐに逆らいました。その民に対して、「わたしが彼らを絶ち滅ぼす」と神さまは怒りを燃え上がらせました（同32・7〜10）。イスラエルは滅ぼされても当然のような状態にありましたが、モーセは「エジプトの地から導き出されたご自分の民に向かって、どうして御怒りを燃やされるのですか」（同32・11）、「あなたのしもべアブラハム、イサク、イスラエルを思い起こしてください」（同32・13）と、エジプトから救い出し、アブラハムとの契約を与えられた神さまに祈りました。それにより、契約に誠実で、愛に富み、憐れみ深い神さまは、イスラエルを滅ぼすことを思い直されました。

神さまは「わたしの臨在がともに行き、あなたを休ませる」（同33・14）とモーセに約束されましたが、モーセは懇願します。「もしあなたのご臨在がともに行かないのなら、私たちをここから導き上らないでください。私とあなたの民がみこころにかなっていることは、いったい何によって知られるのでしょう。それは、あなたが私たちと一緒に行き、私とあなたの民が地上のすべての民と異なり、特別に扱われることによるのではないでしょうか」（同33・15〜

16)。モーセは繰り返し逆らい続けるイスラエルの民に辟易《へきえき》していたことでしょう。それでも、ご自身の契約に真実であってくださる神さまを信じ、ともにいてくださるように祈り求め続けました。そのモーセの信仰に応えるように、神さまはイスラエルとともに歩むと約束し、契約に対する誠実さを宣言してくださいました。

「主、主は、あわれみ深く、情け深い神。怒るのに遅く、恵みとまことに富み、恵みを千代まで保ち、咎と背きと罪を赦す。しかし、罰すべき者を必ず罰して、父の咎を子に、さらに子の子に、三代、四代に報いる者である。」(同34・6〜7)

ここでも「恵み」と訳されているヘブル語は「ヘセド」が使われています。罪深いイスラエルの民とともに居続けてくださったのは、契約を通して表される神さまの恵みです。

神が住まわれる聖所――幕屋と神殿

幕屋

「彼らにわたしのための聖所を造らせよ。そうすれば、わたしは彼らのただ中に住む。」

(出エジプト25・8)

神さまは、イスラエルの民をエジプトから救い出して、シナイ山へと導き、契約を結ばれ、彼らに幕屋を建てるように命じられました。幕屋とは、神さまがイスラエルのただ中に住まうための場所でした。それまで、雲の柱、火の柱のかたちで、イスラエルとともに歩み、導いてこられた神さまは、ついにイスラエルのただ中に住むと言われたのです。シナイ山で神さまは、幕屋建設のための詳細な設計図と材料をモーセに示し、幕屋で仕える祭司たちの任務と祭儀を伝え（同25～31章）、モーセと民は、神さまの指示どおり、幕屋を建設しました（同35・1～40・33）。

そのとき、雲が会見の天幕をおおい、主の栄光が幕屋に満ちた。モーセは会見の天幕に入ることができなかった。雲がその上にとどまり、主の栄光が幕屋に満ちていたからである。（同40・34～35）

幕屋が完成した時、主の栄光が幕屋に満ち、こうして幕屋は主が住まわれる所となりました。聖なる神さまが住まわれる幕屋は、「聖なる場所」です。神さまはそこに住み、イスラエルとともにいることで、イスラエルの民を「祭司の王国、聖なる国民」（同19・6）とされました。聖なる国民というのは、「神さまが住み、臨在する特別な民」という意味です。アブラハムの契約から始まったイスラエルの民は、神さまがともにいてくださる民族となり、神さまが住まう幕屋がその民の中心となりました。これは、契約を通して現される神さまの恵み、すなわち

「ヘセド」によるものです。オズワルトは、「聖」とは恵みであるとし、次のように説明します。

聖とはなんでしょうか。それは恵みであり、神なる方ご自身がアブラハム、イサク、そしてヤコブに過分な祝福の約束を与える恵みなのです。それは、人の苦しみをよく捉えておられる方の恵みであり、ご自身の民の恐れと不信仰にも関わらずご自身の約束を守ろうと決意された方の恵みです。(4)

不信仰に傾く性質、恐れ、弱さなど、人のことをよくご存じの上で、「聖所を造りなさい、そうすれば、あなたがたのただ中に住む」と約束してくださり、その約束に真実であってくださるのが神さまの恵みです。幕屋はまさに恵み豊かな神さまの臨在の場所となったのです。

モーセは不服従な民と四十年、荒野で放浪しました。何度も神さまを裏切り、律法から離れ、罪を犯すイスラエルの民を、神さまはゆるし、決して見捨てることはありませんでした。モーセの後継者ヨシュアによって、イスラエルの民は約束の地に入り、自分たちの土地を所有するようになります。神さまがアブラハムへの約束を果たしてくださったのです。神さまは幕屋に住まい、イスラエルとともに歩まれたのです。

先ほども少し触れましたが、リストカットや過量服薬をする中学生が増え、心を痛める日々です。なんとかやめてほしいと、教員は懸命に学び、考えながら生徒に寄り添います。自傷行為を繰り返す子どもに、「もうやらないでね」と約束をさせるのは効果的な支援ではないと言われています。苦しい中でなんとか生きたいとリストカットを繰り返す場合がありますし、やめる約束を破ってしまった時にその事実を隠してしまうからです。むしろ、「リストカットをしたくなったら教えてね」と子どもたちとの関係を切らない支援が求められます。何度も繰り返されるので「もう知らない。勝手にしなさい」と言いたくなる気持ちも理解できます。でも、もしそれを言ってしまえば、ますます子どもたちを孤独にしてしまうことでしょう。

リストカットや過量服薬をする子どもたちの話を聴くと、「つながりの薄さ」を感じます。家族とのつながりが薄く、家庭でも一人で自室にこもり、友だちとのつながりも薄いので教室にいても人との関係が築けません。それだけではなく、彼らは自分自身とのつながりも薄いので、「自分という存在が分からない」と言います。この自分自身の分からなさは、家族や友人とのつながりの薄さも関係しています。人のアイデンティティというのは、周りの人との関係性の中でつくられていくものだからです。ですから、支援者にはつながりを切らない支援が求められるのです。しかし、相手の苦しみや痛みを想像した上で、ともに居続けるというのは簡単なことではありません。ですから、神さまのみこころに幾度となく背いているにもかかわらず、幕屋を人に造らせ、「彼らのただ中に住む」と言われた神さまの恵みには驚かされます。

神殿

祭司たちが聖所から出て来たとき、雲が主の宮に満ちた。祭司たちは、その雲のために、立って仕えることができなかった。主の栄光が主の宮に満ちたからである。（Ⅰ列王8・10〜11）

モーセの後継者であるヨシュアにより、カナン入国と定住を果たしたイスラエルは、さばきつかさの時代に入っていきます。イスラエルは部族連合のようなかたちをとっていました。神さまから離れ、偶像礼拝を行うイスラエルに、外敵からの圧迫と虐《しいた》げという裁きが下ります。けれども民が主に叫ぶと、神さまは、さばきつかさを遣わし、イスラエルを救うのです。このように、神さまは頑なで反抗的なイスラエルとともに歩み続けます。

やがてイスラエルは王制へと時代が移っていきます。神さまはダビデを選び、油を注いで王に任じました。多くの年月を経て、ダビデは退けられたサウル王に代わりイスラエルの王となるのです。神さまはダビデと契約を結びます。それは、ダビデの王国が確立すること、ダビデの家系がイスラエルの王として治めることです。ダビデの契約もまた、アブラハム契約やシナイ契約と同じように、恵み（ヘセド）による契約でした（Ⅱサムエル７・８〜16）。ダビデは何度も失敗をしました。バテ・シェバと姦淫《かんいん》の罪を犯し、彼女の夫を戦場で死ぬように仕向けたのです（同11章）。ダビデはその報いを受けますが、神さまがダビデを王位から退けることはありませんでした。それは神さまが恵みに富む方で、ダビデとの約束に忠実であってくださったからです。

ダビデは、主が住まわれるためにエルサレムに神殿を建てたいと願いました（同７・１〜７）。その思いは主のみこころにかなっていましたが、神さまは、ダビデの子ソロモンを用いて、神殿を建てると約束をされました（同７・８〜16）。ダビデの子であるソロモンがダビデの王位を継ぎ、神殿の建築に取りかかり、ついに、神さまのみことばどおりに神殿は建設され、その宮は主の栄光で満ち、聖なる場所となりました（Ⅰ列王８・10〜11）。神さまはソロモン王に「わたしは、あなたがわたしの名をとこしえに置くために建てたこの宮を聖別した。わたしの目と心は、いつもそこにある」と宣言されました（同９・３）。

幕屋は神さまの住まいでしたが、可動式であり、ある意味では仮住まいでしたが、エルサレム神殿は、神さまが住む家、定住される場所となりました。ついに神さまは住まいを定めて、イスラエルとともに、ダビデ王家とともに歩むことを示されたのです。神殿を中心としたイスラエルがここに確立しました。神殿とは、「天と地が出会う場所」でもあります。創造主なる神さまがエルサレム神殿に住んでくださり、そこを地に住む人と出会う場所とされました。ここで人々は神さまに祈り、礼拝をささげることができるようになりました。

神さまは遠くにいる傍観者ではありません。神さまのほうから近づき、人とともにいてくださいます。神さまのご臨在は、私たちにとっての慰めです。

被災地支援をしていた時、被災者から話を聴きました。遠くから支援に来てくれる人もいることに感謝しているけれども、どこか心が離れているように感じてしまう。しばらく被災地に滞在して、帰り際に「がんばってください。応援しています」と言われると、相手は励ます意味で言っているのは分かっていても、突き放されているように思えて寂しくなるとのことでした。私自身も被災地に住んでいたわけではありませんので、一時的な支援者にすぎませんでした。遠くにいても物資を送るなどの支援をすることができますし、それも尊いことと思いますが、やはり被災者はともにいてくれる支援者を求めているのだなと教えられました。

神さまがともにいることを選ばれ、聖所を造るようにと命じ、神さまご自身がそこに住むと約束してくださったことの中に、神さまの人に対する深い愛を感じます。人の苦しみ、弱さ、不信仰に傾く性質をご存じの上でともにいてくださり、私たちを神さまのような恵みの器へと変えてくださる深い愛です。

捕囚とグリーフ

主の栄光が神殿の敷居から出て行って、ケルビムの上にとどまった。すると、ケルビムは翼を広げて、私の目の前で地上から上って行った。（エゼキエル10・18〜19）

ソロモンは、神さまが住まわれる神殿を建設しましたが、ダビデのように主とともに歩みませんでした。ソロモンの死後、王国は二つに分断され、北イスラエル王国と南ユダ王国となります。ダビデ王家は、南ユダ王国を治めるのです。二つに分裂したイスラエルは、神さまへの反逆を続け、モーセの律法から離れ去り、ついに約束の地からの追放を自分たちの身に招いてしまいました。こうして北イスラエル王国はアッシリア帝国によって滅ぼされ、南ユダ王国はバビロン帝国によって滅ぼされて、捕囚の民となるのです。

バビロン捕囚を前にして、主の栄光が神殿から去っていく幻がエゼキエル書には記されています（同8〜11章）。神さまの住まいであるはずのエルサレム神殿は、偶像礼拝で満ち、汚れていて、もはや神さまの住まう場所ではなくなったのです。神さまの栄光は、神殿から去っていったのです。バビロン帝国によって、エルサレムと神殿は破壊され、イスラエルの民は捕囚に連れて行かれてしまいます（II列王25章）。もはや神殿は聖なる場所でもなければ、神さまと人が出会う場所でもなくなってしまいました。神さまがともにいてくださる、民のただ中に住まわれる場所であった神殿は、徹底的に破壊され、失われてしまいました。

バビロン捕囚において、イスラエルの民はさまざまな喪失を体験しました。多くの人が亡くなり、捕囚に連れて行かれた人々は約束の地に住み続けることができなくなりました。故郷があるのに、そこに戻ることができません。神殿というのは聖なる場所であり、それは彼らのイスラエルの民、聖なる民としてのアイデンティティの中心でもありましたので、それが崩されることは、自分自身が壊れていくような思いになったことでしょう。何よりも、神さまが住まわれる場所を喪失し、もはや礼拝する場所もなくなってしまいました。個人を、共同体を支えていた「神がともにおられる民」としてのアイデンティティが根底から揺らいでいます。変わり果てたエルサレムを前に呆然と立ち尽くす民の姿が聖書の中には描かれています。

見よ。遠い地から
娘である私の民の叫び声がする。
「主はシオンにおられないのか。

シオンの王は、そこにおられないのか。」（エレミヤ8・19）
乳香はギルアデにないのか。
医者はそこにいないのか。
なぜ、娘である私の民の傷は癒えなかったのか。（同8・22）
バビロン捕囚はイスラエルの民に、未曽有の喪失体験を与えました。喪失による傷は癒やされがたいものでした（同30・12〜13）。自分たちの罪のゆえであると分かってはいたものの、そこには「もはやゆるされることはないだろう」「神さまに見捨てられたのだろう」と打ちのめされた民がいました。

神によるグリーフケア――わたしはあなたとともにいる

「永遠の愛をもって、
わたしはあなたを愛した。
それゆえ、わたしはあなたに
真実の愛を尽くし続けた。」（エレミヤ31・3）
しかし、契約に真実な神さまは民を見捨てることはありません。そして、神さまは預言者エレミヤを遣わし、民を慰め、新しい契約を結ぶという約束を与えてくださいました。

「見よ、その時代が来る――主のことば――。そのとき、わたしはイスラエルの家およびユダの家と、新しい契約を結ぶ。その契約は、わたしが彼らの先祖の手を取って、エジプトの地から導き出した日に、彼らと結んだ契約のようではない。わたしは彼らの主であったのに、彼らはわたしの契約を破った――主のことば――。これらの日の後に、わたしがイスラエルの家と結ぶ契約はこうである――主のことば――。わたしは、わたしの律法を彼らのただ中に置き、彼らの心にこれを書き記す。わたしは彼らの神となり、彼らはわたしの民となる。彼らはもはや、それぞれ隣人に、あるいはそれぞれ兄弟に、『主を知れ』と言って教えることはない。彼らがみな、身分の低い者から高い者まで、わたしを知るようになるからだ――主のことば――。わたしが彼らの不義を赦し、もはや彼らの罪を思い起こさないからだ。」（同31・31～34）

エレミヤは、南ユダ王国の滅亡とバビロン捕囚の時代に活動した預言者ですが、ユダヤの民が偶像礼拝の罪に陥り、モーセの律法から離れて、約束の地からの追放を免れないことを理解していました。けれども将来、神さまは必ずイスラエルに恵みを注ぎ、回復してくださることも知っていました。それは、主が罪をゆるす恵み深いヘセドの神さまであると信じていたからです。神さまは、ご自身の契約に真実であってくださるゆえに、イスラエルを滅ぼし尽くさず、その罪をゆるし、回復を与え、そして、彼らの神となるとの約束をしてくださいました。

神殿から神の臨在が去る幻を見たエゼキエルには、神殿が再建され、主の栄光が再び神殿に帰還する幻が与えられました（エゼキエル40〜48章）。その後、旧約聖書はバビロンからの帰還、そして神殿の再建へと続きます。イスラエルの民にとっての慰めは、「神さまがともにいてくださる」という神さまの、ご自身の契約に対する真実な愛でした。

◆まとめ◆

「神さまがともにいる」というテーマに沿って、旧約聖書に聴いてきました。創造からノアとの契約、アブラハムの契約、シナイ山の契約に一貫して流れているのは、神さまが人とともに生き、ともに歩こうとされる恵みです。それが幕屋と神殿という神さまが臨在する場所として目に見える形で表されたのです。残念ながら、イスラエルは神さまとともに生きることを拒み、偶像礼拝を行って、神さまとその律法から離れてしまいました。そして神さまが住まわれる神殿を失い、自分たちの所有地も失ってしまいました。捕囚となったイスラエルの民は、自分たちのアイデンティティを失い、嘆き、悲しみました。しかし、恵みに満ちた神さまはイスラエルを滅ぼし尽くすことなく、回復の約束と将来の希望を与えてくださったのです。捕囚となった民、捕囚から帰還した民には「神さまはともにいてくださり、やがて自分たちを回復してくれる」という希望がありました。

「神さまがともにいる」という恵み（ヘセド）が、神さまから人へのグリーフケアの基盤にあります。人が神さまに対して真実であり続けることができないとご存じの上で、「わたしはあなたとともにいる」と約束し、ともに居続けてくださる恵みです。

創世記3章で人が神さまから身を隠した時の「あなたはどこにいるのか」との御声について、創世記3章の文脈だけで読んでいると、私は自分自身の罪深さを思い出して心が痛むと書きました。しかし、聖書を読み進めていると、この問いかけは「わたしはあなたとともにいる」との神さまの契約に基づく愛（ヘセド）とともに響いてきます。自分自身の罪深さや、神さまや周りの方々に与えたグリーフを思い出すと心が痛みます。しかし、その罪を悔い改め、祈る中で「わたしはあなたを愛している。わたしはあなたとともにいる」との御声が聴こえ、慰められます。私のことを十分に知っておられた上で（詩篇139篇）、ともにいる道を備えてくださり、「あなたを愛しているよ」「あなたを受け入れているよ」と包み込むような愛によって慰められます。「あなたはどこにいるのか」と問われる時には、いつも「神さま、私はあなたとともにいます」と応答する者でありたいです。そうすることで、「わたしがあなたとともにいる」という神さまからの一方的な愛で包み込まれている恵みを深く知りたいと思います。旧約聖書を通してイスラエルの民とともにいてくださった神さまは、私たちを見捨てず、私たちとともにいてくださいます。

コラム　ともにいることの限界

臨床や牧会において、誰かとともにいることの難しさを痛感します。熱心さのあまりに自分にはできないことを約束し、その約束を守ろうとすることで自分自身を疲弊させるだけではなく、相手にも痛みを与えてしまうことがあります。ですから「苦しい時はいつでも連絡してね、一緒にいるから」という言葉をかけることには、以前よりも慎重になってきました。たとえそのような気持ちはあったとしても、実際は、いつでもその人と一緒にいられるわけではありません。真夜中や明け方の連絡が続いたらどうしましょうか。いつでも対応できるとは限りません。熱心さや使命感からその電話に応答し、何時間も話を聴くとします。しかし一度でも相手が望むような対応ができなければ、相手に責められるかもしれません。あるいは、自分で自分を責めてしまうこともあるでしょう。そのうちに身も心も疲れ切ってしまい、「私はこんなにがんばっているのに、なぜ分かってくれないの」と言いたくなるかもしれません。人が人とともにいることには限界があるのです。そのことをわきまえ、聖霊の導きに従いつつ、できること／できないことの境界線を引くことは、手を差し伸べたい大切な相手にとっても、自分自身にとっても必要なことでしょう。

第2章　ともにおられるイエス

旧約聖書は契約の回復、イスラエルの回復の希望で閉じられています。バビロン捕囚から帰還し、エルサレムの都と神殿を再建したユダヤ人は、新約の時代（紀元一世紀）には、ローマ帝国の圧政下に置かれていました。ダビデ王の家系ではなく、ローマ皇帝の後ろ盾でユダヤ人の王となったイドマヤ人ヘロデが国を治めていました。ユダヤ人たちはバビロン捕囚から祖国に戻り、神殿を取り戻しましたが、いまだ契約とイスラエルの回復の約束は実現しておらず、バビロン捕囚の時代と変わらない状況にあると感じていたようです。

しかしついに、旧約の時代に預言者を通して語られ、長く待ち望んでいたメシア、救い主がお生まれになりました。イエスさまは人々とともに町や村を行き巡り、人々を癒やし、十字架と復活により贖いを成し遂げ、弟子たちを宣教に派遣しました。これらすべてのことを通して、「神さまがともにおられる」との契約が成就したのです。神さまから人への深い憐れみです。本章で、新約聖書を通して語られる「わたしはあなたとともにいる」との御声に耳を傾けましょう。

憐れみを忘れない神

教会歴で使われている「アドベント」とは「到来」という意味のラテン語アドベントゥスadventusから来た言葉で、二千年前のイエスさまの誕生（到来）とともに、イエスさまが再び来られる再臨（到来）を待ち望むシーズンです。クリスチャンは救い主の誕生を待ち望んでいたイスラエルの民の祈りに心を合わせつつ、イエスさまが再び来られる日を待ち望みます。このイエスさまの誕生のストーリーはマタイの福音書、ルカの福音書に描かれています。まずイエスさま誕生のストーリーの中に表される神さまの「憐れみ」に心を留めたいと思います。

ルカの福音書のマリアの賛歌（ルカ1・46〜55）の中で「主のあわれみ」という言葉が繰り返されています。マリアは、イエスさまの誕生を「アブラハムとその子孫に対する契約の成就」と捉え、主がイスラエルの民に対する憐れみを忘れないでいてくださったことをほめたたえています。

「主のあわれみは、代々にわたって

主を恐れる者に及びます。」（同1・50）
「主はあわれみを忘れずに、
そのしもべイスラエルを助けてくださいました。
私たちの父祖たちに語られたとおり、
アブラハムとその子孫に対するあわれみを
いつまでも忘れずに。」（同1・54〜55）

捕囚と捕囚後の長い期間、イスラエルの民はメシアを待ち望んでいました。「そのしもべイスラエルを助けてくださいました」（同1・54）とあるように、ユダヤ人たちは、神さまの助けを必要としていたのです。彼らはその歴史の中で、神さまに忘れられても当然のような歩みをしてきました。モーセはイスラエルの民に、エジプトから導き出してくださった神さまを忘れることがないように（申命8・14）、そして、もし神さまのことを忘れるならば滅ぼされる（同8・19〜20）と語りましたが、民は繰り返し神さまを忘れ、偶像の神々を崇拝しました。その結果がバビロン捕囚でした。さらに新約の時代には、ローマの支配下に置かれていたのです。彼らは、神さまは自分たちを見捨てたのだろうか、もう忘れてしまったのではないかという不安を抱えつつ、救い主の誕生を待ち望んでいたことでしょう。ですから救い主の誕生は「憐れみ」なのです。

ここで「憐れみ」と訳されているのはギリシア語の「エレオス」で、「契約に基づく愛・恵み」を表すヘブル語ヘセドと関係の深い言葉です。例えばイザヤ書54章10節「わたしの真実の愛はあなたから移らず」の「真実の愛」はヘブル語では「ヘセド」ですが、七十人訳聖書（ヘブル語聖書をギリシア語に翻訳した聖書）では「エレオス」が使われています。つまり、この「憐れみ」は、言い換えれば、神さまから人への、契約に基づく愛・恵みと言うことができます。神さまがアブラハムとの契約を忘れないでいてくださったこと、そして約束されたとおりに救い主を地上に遣わされたことが「憐れみ」なのです。契約に基づく愛・恵み（ヘセド）には「受けるに値しない相手に与えられる」という意味も含まれます。罪を繰り返したイスラエルの民を覚えていてくださり、彼らのために救い主がお生まれになったことは「憐れみ」でしかありません。ですから、マリアも、憐れみを忘れないでくださった主をほめたたえています。

マリアの賛歌の中での「忘れずに」という言葉には、イスラエルの民の祈りが背景にあるように思います。「忘れないでほしい」というのは、人が持つ根源的な願いです。遺族の中には「故人のことを忘れないでください」と言われる方がいます。「忘れられる」のは、故人が生きていたことが否定されるような思いになるのかもしれません。教会での告別式には大勢の人が集まり、まるで家族のように涙を流して悲しんでくれたのに、時間の経過とともに、教会で故人の話題が出されることがなくなり、とても寂しい思いになったと聞いたことがあります。そっと触れないように気遣ってくれていると分かってはいても、故人が忘れられたように思えてとてもつらかったというのです。故人のことを忘れないでほしいと願うのは、その人が確かに生きていたことを否定しないでほしい、そして、今もなお遺族の心の中で生き続けている存在を覚えていてほしいからでしょう。

インマヌエルの神がともにおられる

処女マリアから生まれた男の子の名は、イザヤ書で「見よ、処女が身ごもっている。そして男の子を産み、その名をインマヌエルと呼ぶ」（イザヤ7・14）と預言されていたように「インマヌ（われらとともにいる）」と「エル（神）」と呼ばれる方でした。インマヌエルとはヘブル語で、「神はわれらとともにいる」を意味します。

このすべての出来事は、主が預言者を通して語られたことが成就するためであった。

「見よ、処女が身ごもっている。

そして男の子を産む。

その名はインマヌエルと呼ばれる。」
それは、訳すと「神が私たちとともにおられる」という意味である。（マタイ1・22～23）

イエスさまの誕生の目的は、旧約聖書全体に貫かれている「神がともにいる」という約束が実現するためです。では、どのようにイエスさまは人とともにいてくださるのでしょうか。イエスさまの誕生について書かれた、ヨハネの福音書のみことばに目を向けましょう。

ことばは人となって、私たちの間に住まわれた。（ヨハネ1・14）

「住まわれた」は、「宿った」「幕屋を張られた」とも訳すことができます。旧約の時代、幕屋を建設するように命じられた神さまは、「わたしは彼らのただ中に住む」（出エジプト25・8）と約束され、後には神殿が「神と人が出会う場所」となりました。

エゼキエル書では、主の栄光が戻ってくる新しい神殿についての幻が語られています（エゼキエル40～48章）。神殿とは、天と地が出会う場所です。人々は神殿に行き、神さまを礼拝しました。イエスさまが人となられてからは、イエスご自身において天と地が結びつき、「神と人が出会う場所」となりました。ですから神さまを礼拝するためにはイエスさまのもとに行くのです（ヨハネ4・7～26）。このようにして、イエスさまご自身が、私たちとともにおられる神、インマヌエルとなられたのです。旧約聖書の「神がともにおられる」という約束がついに成就しました。

憐れみ深いイエスと

「時が満ち、神の国が近づいた。悔い改めて福音を信じなさい。」（マルコ1・15）

イエスさまは、王である神さまの支配が始まったことを宣言して、宣教を開始されました。神の国とは、神さまが支配される領域であり、神さまが人とともにいる王国です。神の国に入るためには、人々は悔い改めなくてはなりません。「悔い改め」とは、「立ち返ること、方向転換をすること」を意味します。つまり、神さまに心を向け、神さまとともに歩き始めることです。

イエスさまは宣教の中で、神の国について教え、宣べ伝えただけではありません。神の国とはどのようなものなのかを、人々の間に住み、町や村を巡ることで、また人々を見て憐れみ、癒やすことで体現してくださいました。

また、群衆を見て深くあわれまれた。彼らが羊飼いのいない羊の群れのように、弱り果てて倒れていたからである。（マタイ9・36）

イエスは深くあわれんで、彼らの目に触れられた。すると、すぐに彼らは見えるようになり、イエスについて行った。（同20・34）

イエスさまは「群衆を見て、深くあわれまれた」とあります。ここで「深くあわれむ」と訳されているギリシア語は「スプランクニゾマイ」です。これは訳しづらい言葉のようです。「はらわた（スプランクナ）」という深く激しい情動が納められている内臓が揺り動かされることを意味します。「憐れみ」は、英語でコンパッションcompassionです。語源はラテン語のコンパティcompati（ともに苦しむこと）に由来します。イエスさまは人々と「ともにいる」だけではなく、「ともに苦しむ」方なのです。

「はらわたが揺り動かされる」という状態については想像するしかありませんが、自死遺族のカウンセリングをしていた時、もしかしたらこのような感じなのかもしれないと思うような経験をしました。息子さんを自死で亡くされて一週間ぐらいが経過していたと思います。その方はカウンセリングの間、ほとんど話すことなく嗚咽《おえつ》されていました。私は何もすることができませんでしたので、その場に居続けることが苦しかったことを覚えています。帰宅してからもずっと胃の下のあたりにズキズキと痛みを感じ、その痛みは数週間続きました。遺族の気持ちを想像すると胸が締め付けられるような思いにもなり、何か自分にできることはないだろうかと考える一方で、その方と「ともにいる」ことが苦しくて逃げ出したい思いにもなりました。何もすることができない自分を責めてしまうのです。「ともにいる」ことは簡単なことではないと思い知らされた経験でした。

イエスさまは、町や村を行き巡りながら、人々を憐れみ、ともに過ごし、導き、癒やしを与えてくださいました。福音書には、イエスさまが触れたり、言葉をかけたりすることで癒やしの御業がなされた奇跡が書かれています。その癒やしがイエスさまの「憐れみ」によって突き動かされたものであることを覚えたいと思います。私たちはイエスさまのような癒やしの奇跡を行うことはできないとしても、「憐れみ」の心が与えられるようにと祈ります。それは、私たちの内に「神のかたち」が造られることだからです。

ともにいるための十字架——新しい契約

それからイエスは、人の子は多くの苦しみを受け、長老たち、祭司長たち、律法学者たちに捨てられ、殺され、三日後によみがえらなければならないと、弟子たちに教え始められた。（マルコ８・31）

当時のイスラエルの民は、ローマの支配から解放されることを切望していました。弟子たちは、イエスさまこそがそのために地上に来られたメシアであると信じていました。イエスさまは繰り返し、自らが捕らえられ、苦しみを受け、十字架につけられ、殺されることを預言し、彼らの思うような方法で神の国が実現するのではないことを伝えてきましたが、彼らの目が開かれることはありませんでした。ですから、イエスさまは過越の食事の席で、改めて弟子たちに自らが十字架で死ぬこと、そしてその血によって新しい契約が結ばれることを伝えました。

さて、一同が食事をしているとき、イエスはパンを取り、神をほめたたえてこれを裂き、弟子たちに与えて言われた。「取りなさい。これはわたしのからだです。」また、杯を取り、感謝の祈りをささげた後、彼らにお与えになった。彼らはみなその杯から飲んだ。イエスは彼らに言われた。「これは、多くの人のために流される、わたしの契約の血です。まことに、あなたがたに言います。神の国で新しく飲むその日まで、わたしがぶどうの実からできた物を飲むことは、もはや決してありません。」（同14・22～25）

食事の後、杯も同じようにして言われた。「この杯は、あなたがたのために流される、わたしの血による、新しい契約です。」（ルカ22・20）

過越の食事は、イスラエル人にとって、エジプトから脱出する前夜に取られた食事であり、「解放」や「新しいスタート」という特別な意味がありました。その席での「十字架上で流される血は新しい契約のためである」というイエスさまの言葉の背景には、モーセによるシナイ契約の際に、動物がほふられ、その血が民の上に注がれるという儀式があります（出エジプト24・3〜8）。イエスさまが流された血潮によって、私たちは罪がゆるされ、新しい契約に入れるようになることを預言しています。イエスさまの十字架での死の意味の一つは、新しい契約を結ぶためでした。イエスさまは「新しい契約の仲介者」となられたのです（ヘブル9・15）。

新しい契約というのは、古い契約の完成です。第1章で学んだように、神さまはともに歩み、交わりを持つために人を創造しましたが、アダムとエバは罪を犯し、神さまとともに歩むことを拒みました。この時、罪と死がこの世界に入りました。しかし、イエスさまの十字架の死によって罪のゆるしときよめが成し遂げられ、新しい契約が与えられました。新しい契約によって、人は罪をゆるされ、きよめられ、神さまとともに歩む道が開かれたのです。

ともにいることを拒む人・願う人

人々を憐れみ、契約に真実であってくださるイエスさまの姿とは対照的に、三年間、寝食をともにして従ってきた弟子たちは、イエスさまが捕らえられるとすぐに、イエスさまを見捨てて、逃げ去りました（マルコ14・50）。「たとえ、ご一緒に死ななければならないとしても、あなたを知らないなどとは決して申しません」（同14・31）と「力をこめて言い張った」ペテロは、鶏が鳴く前に三度もイエスさまのことを否定しました（同14・72）。ペテロはまさか自分が「イエスさまのことを知らない」と言うとは思っていなかったことでしょう。ペテロは、イエスさまを愛していました。「決してイエスさまのもとを離れたくない」というのは正直な思いだったでしょう。けれども、人は弱いものです。イエスさまのことを否定した時に、自分の罪深さを思い知らされたのではないでしょうか。「ともにいる」ということの難しさがよく表されています。自分にとって都合がよければともにいますが、ともにいることで自分が不利な状況に置かれるならば、その人から離れてしまいます。そんな弱い弟子たちのことを、イエスさまは「友」と呼び、惜しみなく愛を注がれました。

　人が自分の友のためにいのちを捨てること、これよりも大きな愛はだれも持っていません。（ヨハネ15・13）

自分にとって有利な時だけともにいるのではなく、友のために「いのち」を捨てるのが愛です。ペテロはイエスさまを愛していても、弱さゆえに自分を守ることを優先し、最後までイエスさまとともにいることができませんでした。

一方、最初からイエスさまのことを敵とみなしていた者たちもいました。ローマ兵たちです。

イエスさまを十字架につけ、あざ笑いました。また、一緒に十字架につけられた犯罪人でさえもイエスさまをののしり、「おまえはキリストではないか。自分とおれたちを救え」と言いました。その人たちのために、イエスさまは「父よ、彼らをお赦しください。彼らは、自分が何をしているのかが分かっていないのです」（ルカ23・34）と祈られたのです。罪の身代わりとなって、十字架上で苦しんでおられるイエスさまをあざけり、ののしることができるのは、まさに罪人の姿です。彼らのためにも、イエスさまはゆるしを祈りました。このような罪人をも見捨てず、ともにいるために十字架にかかり、罪の贖いを成し遂げてくださったのです。

私は、かつてはイエスさまを裏切る弟子たちや十字架上のイエスさまをののしるローマ兵のことを読みながら、「どうしてこんなにひどいことができるのだろう」と他人事のように思っていました。でも今は、彼らの姿は私自身の姿なのだと思います。神さまがどれだけ私たちを愛しているのか、ともにいたい、祝福したいと願っているのかを知らなければ、神さまから離れ、自分の好きな道を歩む選択をするのは当然だと考えるでしょう。それがどれだけ神さまのみこころを痛めているのかを想像すらしないと思います。「自分が何をしているのかが分かっていない」からです。ともにいてくださる神さまの愛を知れば、神さまに背を向けることがどれだけ独りよがりであり、神さまに痛みを与えているのかに気づかされます。

人を傷つけても、自分が悪いことをしたと認められない子どもたちがいます。親がその子のために泣いていても、「大げさだなぁ」と言ってしまうこともあります。発達的な課題のために他者の気持ちが理解しづらい場合もあれば、複雑な家庭環境で育ったために周りの人に対して心を閉ざしてしまっている場合もあります。その理由はさまざまです。自分が相手に痛みを与えていることに気づくことができなければ、人と人との関係を構築するのはとても難しくなります。誰かとともにいるためには、自分が相手に与えている影響について想像する必要があるからです。人が自分の力で自分の罪深さに気づくことはできませんし、説得して気づかせることができるわけではありません。そのような子どもたちと接している時、「もう無理かもしれない」と思うこともあります。しかし、神さまの愛は、最後まであきらめない愛ですから、神さまに希望を置き続けたいと思います。

ルカの福音書23章に目を向けてみましょう。「どくろ」と呼ばれる場所には、三本の十字架が立っていました。イエスさまを中央にして、二人の犯罪人が両端につけられました。そのうち一人は十字架上でイエスさまをののしりましたが、もう一人の犯罪人はイエスさまに言いました。「イエス様。あなたが御国に入られるときには、私を思い出してください」（ルカ23・42）。その犯罪人は、十字架上で死を前にしながら、イエスさまとともにいることを願い出たのです。その犯罪人に対して、イエスさまはお答えになります。

「まことに、あなたに言います。あなたは今日、わたしとともにパラダイスにいます。」

（同23・43）

イエスさまは、この犯罪人とともにいることを宣言してくださいました。二人ともイエスさまのすぐそばにいました。でも、そばにいるからといって、「ともにいる」わけではありません。ともにいるためには、イエスさまのほうを向く必要があります。

イエスさまは、地上の生涯で息を引き取る最後の瞬間まで、罪人を愛し続けました。そして、十字架上の死によって罪から人を贖い出し、神さまと人がともにいる道を開き、今も人が神さまのほうを向くようにと招いておられます。

生きておられる主がともに

「あなたがたは、どうして生きている方を死人の中に捜すのですか。ここにはおられません。よみがえられたのです。まだガリラヤにおられたころ、主がお話しになったことを思い出しなさい。人の子は必ず罪人たちの手に引き渡され、十字架につけられ、三日目によみがえると言われたでしょう。」（ルカ24・5〜7）

イエスさまが十字架上で死んで葬られた三日目の朝、女性たちは天使に告げられた言葉を弟子たちに伝えましたが、信じる人はいませんでした。弟子たちには、イエスさまが十字架上で死んだことに対する喪失感があったことでしょう。それだけでなく、最後の最後にイエスさまを裏切り、離れてしまったことを悔やんでも悔やみきれなかったと思うのです。よみがえられたイエスさまは、エマオに向かう弟子たちとともに歩き、墓の前で泣くマグダラのマリアに声をかけ、疑うトマスにご自分の手と脇腹を差し出しました。また、イエスさまを三度知らないと言って裏切ったペテロには、「ヨハネの子シモン。あなたはわたしを愛していますか」と三度問われ、回復の機会を与えています（ヨハネ21・15〜19）。復活はイエスさまが弟子たちをもう一度立ち上がらせ、ともに生きるための転機となる出来事でした。

「イエスさまがよみがえった」というのは、死そのものに打ち勝ったことを意味します。死はアダムとエバが罪を犯した時、この世界に侵入し、今も支配しています。「死」は「ともにいること」を不可能にする究極的な力です。イエスさまは、死に勝利した方であるからこそ、「わたしはあなたとともにいる」と言えるのです。使徒パウロは「死も、いのちも、御使いたちも、支配者たちも、今あるものも、後に来るものも、力あるものも、高いところにあるものも、深いところにあるものも、そのほかのどんな被造物も、私たちの主キリスト・イエスにある神の愛から、私たちを引き離すことはできません」（ローマ8・38〜39）と宣言しています。神さまがともにいるというのは、神さまの愛から私たちが決して引き離されないことを意味しているのです。

イエスさまは、エマオの途上を弟子たちと歩きながら、モーセやすべての預言書から始めて、ご自分について聖書全体に書いてあることを彼らに説き明かされました（ルカ24・27）。十字架と復活の出来事を通して改めて聖書全体を読み直してみると、神さまが人との関係を回復し、ともに歩もうとしておられたことが理解できます。罪人である私たちが神さまとともにいるためには、イエス・キリストが十字架にかかり、死に勝ち、よみがえられて救いを成し遂げる必要があったのです。

ともに宣教の働きへ

復活されたイエスさまは、弟子たちを福音の宣教へと送り出し、次のように言われました。

「わたしには天においても地においても、すべての権威が与えられています。ですから、あなたがたは行って、あらゆる国の人々を弟子としなさい。父、子、聖霊の名において彼らにバプテスマを授け、わたしがあなたがたに命じておいた、すべてのことを守るように

教えなさい。見よ。わたしは世の終わりまで、いつもあなたがたとともにいます。」（マタイ28・18〜20）

イエスさまを信じる者たちに、福音を伝え、弟子とするようにと、主は使命（大宣教命令）を与えて、「見よ。わたしは世の終わりまで、いつもあなたがたとともにいます」と約束をしています。「弟子」とは、「いつも、神さまとともにいる者」です。いつもイエスさまとともにいる者が、イエスさまのことを伝え、聖霊によって導かれた者を弟子、つまり「イエスさまといつもともにいる者」としなさいと言われているのです。

私はこのみことばにとても励まされます。グリーフの中にある人が目の前に導かれて来られるならば、主の前に祈りつつ、聴くことから始めます。その時に、自分自身の共感能力の低さ、受け止める力の弱さ、自分の枠に相手をはめてしまう傾向性などを思い知らされることがあります。相手に対する思いはあっても、「ともにいる」ことは簡単ではありません。でも、私にはそのような弱さがあることをイエスさまは知った上で主の働きに遣わしてくださるだけではなく、そのような私といつもともにいてくださるという恵みに慰められます。

◆まとめ◆――放蕩息子の物語

最後に放蕩息子のたとえから本章をまとめていきます。このたとえ話には、ともにおられる神さまの姿が凝縮されているからです。イエスさまが取税人や罪人たちと食事をすることに文句を言うパリサイ人や律法学者に対して、イエスさまはたとえ話をされました。羊飼いは百匹の羊のうちのいなくなった一匹を捜し求め、一人の女性は十枚のドラクマ銀貨のうちのなくした一枚を捜し、見つかったら両者とも友だちや近所の人たちを呼び集めてともに喜ぶのです。友だちや近所の人たちを集めて喜ぶ姿に、一匹の羊や一枚の銀貨をいかに価値高く見積もっていたのかが分かります。また放蕩息子のたとえ話でも、弟息子が戻ってきた時に父は祝宴を催しています。神さまは「ともにいる」ために「一人」を探し求める方であり、「一人」が神さまのもとに戻ってくる時には大きな喜びがあることを、このたとえ話は教えています。

ここで、兄息子、弟息子はそれぞれが「失われた者」ですが、二人とも自分が失われた者であることに気づいていませんでした。私たちは「失われた者」でありながら、そのことに気づいていない、というのがこのたとえ話のメッセージの一つであるように思います。グリーフケアの視点から考えると、私たちすべてが「神のかたち」を失っている者たちであり、喪失の中にあると言えます。ところが私たちは「神のかたち」を喪失していることに、それがいかに神さまに自分自身に周りの人に痛みを与えているのかに、気づいていないのです。

弟息子は、自分が「失われた者」とは思いませんでした。むしろ父の財産の分け前をもらうことで、満たされた気持ちになっていたことでしょう。彼にとっては喪失どころか、自由の獲得です。父のもとを離れ、好きなように生活できます。相続は「当然の」権利であり、財産の分け前を自由に使って何が悪いと、父に与えてしまっているグリーフを想像することはありませんでした。「何もかも使い果たした後、その地方全体に激しい飢饉が起こり、彼は食べることにも困り始めた」（ルカ15・14）時でさえ、彼が目を向けたのは、父のところにある「パン」でした。「父のところには、パンのあり余っている雇い人が、なんと大勢いることか。それなのに、私はここで飢え死にしようとしている」（同15・17）と考えたのです。何もかも失ったような状態に置かれても、自分にはパンがない、でも父のもとにはパンがある。自分にないものを父が持っているのでそれをもらいに行こう。そのためには、息子として帰るのではなく、雇い人にしてもらおうと取り引きしようとします。確かに、弟息子はここで「我に返って」（同15・17）、父のほうを向きました。でも、その心は財産の分け前をもらった時と何も変わりません。父に財産の分け前を要求し、父のもとを離れて放蕩することで、父にどれだけのグリーフを与えたのか、それでも自分の帰りを待ち続けている父の愛を想像することはできません。これが「神さまから離れている者の姿である」とイエスさまは語っているのだと思います。「ともにいたい」と願っている父から、当然の権利のように財産の分け前を要求し、それをもって好きなように生き、困った時には父のほうを向いて取り引きをする罪人の姿です。

弟息子は「雇い人の一人として受け入れてもらおう」と考えたものの、父に受け入れてもらえるか心配で、下を向き、重い足取りでトボトボ歩いていたのかもしれません。しかし、弟息子にとっては想定外のことが起こりました。「まだ家までは遠かったのに、父親は彼を見つけて、かわいそうに思い、駆け寄って彼の首を抱き、口づけした」のです（同15・20）。そして、こう言うのです。「急いで一番良い衣を持って来て、この子に着せなさい。手に指輪をはめ、足に履き物をはかせなさい」（同15・22）。父は「出て行った息子はいつ帰ってくるだろうか」と毎日のように家の前で遠くを見つめながら、待っていたのかもしれません。変わり果てた姿の彼を「息子」として抱きしめ、祝宴を始めました。弟息子の心が父のほうを向いたのは、そして悔い改めたのは、駆け寄ってくる父の姿を見、そして父に抱きしめられた時なのではないかと私は思います。この時に、彼は自分が愛されている者だと気づき、父に与えたグリーフに思いをはせることができたのではないでしょうか。

兄息子にも少し触れたいと思います。兄息子は、長年、父に仕え、父の戒めを破ったことは一度もないと主張します。その自分には子やぎ一匹くれたことがないのに、なぜ遊女と一緒にお父さんの財産を食いつぶした弟には肥えた子牛を屠《ほふ》るのか（同15・29〜30）、と父への不満が一気に爆発したかのようです。兄息子の言葉を聞いていると、自分は仕えてきた、その見返りとして当然与えられるべきものを受けていないという不公平感で満ちています。当然の権利として財産の分け前を主張した弟息子と同じような心の状態でした。ですから、兄もまた「失われた者」であったと言えるでしょう。その兄息子に対して父親は「子よ、おまえはいつも私と一緒にいる。私のものは全部おまえのものだ」（同15・31）と言いました。父と息子がともにいることが十分な恵みなのだということを伝えました。

兄息子、弟息子は、それぞれが「失われた者」であることに気づいていません。自分たちの必要は父が満たすべきであり、彼らの言動が父に与えるグリーフについて少しも想像していません。私はこれがまさに罪人の姿であると思います。その一方で、放蕩息子のたとえ話には、受ける価値のない者に恵みを与え、背を向けて離れていった者が我に返り、戻ってくるのを待ち続け、帰ってきた者をわが子として受け入れ、愛を示し、ともに喜び、いつも一緒にいてくださる父なる神さまの姿があります。私たちは自分が大切なものを失う時に、それにより生じる自分のグリーフは敏感に感じ取ることができても、誰かに与えたグリーフを感じ取ることには鈍感なのかもしれません。私たちの生きる社会はますます個人主義になり、個人の権利を主張するようになっています。ですから、自分のことを愛してくれている人、思ってくれている人のことを考えることが少なくなり、ますます自己中心的な考えに陥っているように思います。

最後に、このたとえ話によって教えられる大切な真理は、父なる神さまは契約に真実であってくださり、私たちを愛し、ともにいてくださる方であり、私たちにとって、父なる神さまとともにいることが、何よりも祝福だということです。そのために、父なる神さまはイエスさまを地上に送って、人が神さまとともにいる道を開いてくださいました。ですから、「見よ。わたしは世の終わりまで、いつもあなたがたとともにいます」（マタイ28・20）というイエスさまの約束は私たちの心に響きます。これは、どのような状況にあったとしても、どこにいたとしても、イエスさまがともにいてくださるという恵みの約束です。その恵みに生きたパウロの言葉をもって、本章を閉じたいと思います。

しかし、これらすべてにおいても、私たちを愛してくださった方によって、私たちは圧倒的な勝利者です。私はこう確信しています。死も、いのちも、御使いたちも、支配者たちも、今あるものも、後に来るものも、力あるものも、高いところにあるものも、深いところにあるものも、そのほかのどんな被造物も、私たちの主キリスト・イエスにある神の愛から、私たちを引き離すことはできません。（ローマ8・37〜39）

コラム　憐れみの実践

憐れみに満ちたイエスさまは、私たちにも「あわれみ深くなりなさい」（ルカ6・36）と言われますが、神のかたちがゆがめられている人間には主の助けが必要です。ヘンリ・ナウエンは、著作『コンパッション』の中で、「わたしたちはあらゆるかたちの競争のなかにどっぷりとつかっています。わたしたちの自己意識は、自分を他者と比べたり、自分が認める他者との違いに基づいています[5]」と述べています。自己意識はある程度人との比較によってつくられるものですから、人と比較すること自体は自然なことです。しかし、「人からどのように思われるか」という評判に極端に依存するならば、自己は空洞化してしまいます。

例えば、教室になかなか入ることのできない中学生がいます。自分が教室にいてもいなくても誰も気にも留めないと考え、自分の存在が誰からも認められていない、自分でも自分の存在意義が分からないと悩み、リストカットをすることで自らの存在を確かめる人もいます。自分自身に対して「ダメな人」「できない人」「生きている価値のない人」とのラベルを貼っています。周りがどんなに「そんなことはない」と言っても、外からそのラベルをはがすことはできません。

これは子どもだけではなく、大人にも見られます。人と比べて自分が劣っているという劣等感に悩む人もいれば、自分の内側にあるコンプレックスを人に見られまいと周りを落とすような発言をすることで自分を保とうとする人もいます。自己意識が他者との比較に基づいているために、人と比べて常に上か下かで自分の立ち位置を確かめようとします。そして、少しでも「上」にいる人を見ると心がざわつくので、「下」にいる人を探して安心しようとします。人はこのようなことを知らず知らずのうちに日常的に行っているように思います。ナウエンが言うように、私たちは人より上なのか、下なのかと比較しながら生きている限り、だれかと「ともに」いることはできません。

聖書は、「喜んでいる者たちとともに喜び、泣いている者たちとともに泣きなさい」（ローマ12・15、傍点筆者）と教えます。喜んでいる人とともに喜び、泣いている人とともに泣き、苦しんでいる人とともに苦しむというのは、相手の立場に立って、相手が見ている状況をともに見て共感することです。カウンセリングではさまざまな相談を受けます。共感できる時もありますが、なかなか共感するのが難しいというのが正直なところです。

例えば、子どもを叩くのをやめない保護者が「しつけですから、多少叩くのは当然ですよ」と言って開き直られる場合は、共感する前に指摘したくなります。本来ならば、「叩くのは当然」という思いに至る子育ての悩み、夫婦関係の難しさ、本人が抱えるストレスなどを聴き、ともに苦しみ、ともに痛むことなしには支援につながらないのですが、カウンセラーの気持ちがついていきません。「どうしたらこの方を説得できるだろうか」と考えます。そして、自分自身の主張の正しさを示すほうに心を向けてしまいます。ナウエンは、私たちが「あらゆるかたちの競争」の中にあると述べましたが、カウンセリングの場においてもいつの間にか上から目線で相手を見てしまっている自分がいることに愕然《がくぜん》としてしまうことにもなりかねないのです。上から目線の言葉は相手には届かないばかりではなく、相手のグリーフをさらに深めてしまうことにもなりかねないのです。聖書が教える「憐れみ」とはほど遠い心の状態です。

イエス・キリストのうちに、神の憐れみが現れています。「また、群衆を見て深くあわれまれた。彼らが羊飼いのいない羊の群れのように、弱り果てて倒れていたからである」

「はらわた（スプランクナ）」という深く激しい情動が納められている所がゆさぶられることを意味します。イエスさまは、憐れみの心に動かされ、グリーフの中にある人とともにおり、人々を癒やし、すべての人のための贖いの恵みを成し遂げてくださいました。（マタイ9・36）。前に述べたように「あわれまれた」（「スプランクニゾマイ」）は、

キリストは、神の御姿であられるのに、
神としてのあり方を捨てられないとは考えず、
ご自分を空しくして、しもべの姿をとり、
人間と同じようになられました。
人としての姿をもって現れ、
自らを低くして、死にまで、
それも十字架の死にまで従われました。（ピリピ2・6〜8）

憐れみ深い生き方とは、「下に向かう生き方」であり、仕える者の姿です。これは、人と比較し、優劣に心が動かされ、成功や名誉を求めようとする生き方とは正反対です。イエスさまのような生き方をしたいと思いますが、罪によって「神のかたち」がゆがめられている者にとっては難しさを覚えます。グリーフの中にある方に共感し、苦しみや悲しみ

をともにしたいと願っても、心の深い部分に染みついている高ぶりや競争心が知らず知らずのうちに私たちの言動に現れてきます。人に仕えているつもりで聖書を開いたり、人の話を聴いたりしている時でさえも、上から目線で相手を教えようとする思いが自分の内側に潜んでいることに気づかされます。そして、「こんな思いを持っているのか」と自らの罪深さを再認識するのです。臨床においても、牧会においても、人に仕えたいという思いはあっても、人の話を十分に聴くことなく教えようとしたり、自分の考えを押しつけたりします。このままでは、「ミニストリー」に携わることができません。なぜなら、「ミニストリー」という言葉には、「相手に対してへりくだる」、「相手の必要を満たす」という意味があるからです。

ですから、目を上げて、「へりくだりの心を与え、憐れみ深い者としてください」と祈ります。確かに主はともにいてくださり、私たちの心を「神のかたち」へと変えてくださると信じています。

「あなたがたの父があわれみ深いように、あなたがたも、あわれみ深くなりなさい。」（ルカ6・36）

第3章　ともにおられる聖霊

主イエスさまが十字架と復活により贖いを成し遂げて天に昇られる時、「聖霊があなたがたの上に臨むとき、あなたがたは力を受けます」（使徒1・8）と弟子たちに約束されました。その約束のとおり、ペンテコステの日に聖霊が降《くだ》り、教会が誕生しました。本章では、父なる神さま、イエスさまが聖霊の臨在を通して、私たちとともにおられることを学びたいと思います。「神は私たちとともにおられる（インマヌエル）」とは、三位一体の神さま（父なる神、御子である主イエス、聖霊なる神）がともにいるということを意味しますし、これが聖書全体を通して語られるメッセージです。

イエスさまのうちに働く聖霊

イエスさまは、父なる神、聖霊なる神とともに歩まれました。イエスさまが洗礼を受けられた時には「聖霊が鳩のような形をして、イエスの上に降って来られた」（ルカ3・22）とあります。洗礼を受けたイエスさまは、「聖霊に満ちて」、ヨルダンから戻り、「御霊によって荒野に導かれ」（同4・1）、悪魔の誘惑を受けました。「御霊の力を帯びて」（同4・14）、ガリラヤに戻ってナザレの会堂で宣教を開始された時、「主の霊がわたしの上にある。／貧しい人に良い知らせを伝えるため、／主はわたしに油を注ぎ、／わたしを遣わされた。／捕らわれ人には解放を、／目の見えない人には目の開かれることを告げ、／虐げられている人を自由の身とし、／主の恵みの年を告げるために」（同4・18〜19）とイザヤ書61章を朗読し、「今日、この聖書のことばが実現しました」（同4・21）と宣言されたのです。イエスさまは地上での働きの間、聖霊に満たされて福音を宣べ伝え、神の国がどのようなものであるかを体現されました。

またイエスさまは、律法学者、パリサイ人などの反対者から攻撃を受け、非難され続けましたが、聖霊によって力づけられ、主なる神さまと人に仕えました。父なる神さまのみこころを成し遂げ（ヨハネ4・34）、その栄光を現すために、十字架へと向かわれました。

「わたしが行うようにと、あなたが与えてくださったわざを成し遂げて、わたしは地上であなたの栄光を現しました。父よ、今、あなたご自身が御前でわたしの栄光を現してください。世界が始まる前に一緒に持っていたあの栄光を。」（同17・4〜5）

父なる神さまに愛されていたイエスさまは、父の栄光を現すためにみこころを行うことを求め続けました（同10・17～18）。そのみこころとは、人々を愛し、罪から贖うことです。イエスさまが、その地上の生涯において、聖霊に導かれ、力づけられながら父なる神さまのみこころを行われた姿は、私たちの模範と言えるでしょう。

私たちに与えられる聖霊

そこで、ペテロは彼らに言った。「それぞれ罪を赦していただくために、悔い改めて、イエス・キリストの名によってバプテスマを受けなさい。そうすれば、賜物として聖霊を受けます。」（使徒2・38）

弟子たちとの最後の過越の食事の席で、イエスさまは「わたしが父にお願いすると、父はもう一人の助け主をお与えくださり、その助け主がいつまでも、あなたがたとともにいるようにしてくださいます」（ヨハネ14・16）と聖霊が来られることを約束されました。また、復活した後、弟子たちの前に現れ、「見よ。わたしは、わたしの父が約束されたものをあなたがたに送ります。あなたがたは、いと高き所から力を着せられるまでは、都にとどまっていなさい」（ルカ24・49）と命じ、さらに、「聖霊があなたがたの上に臨むとき、あなたがたは力を受けます。そして、エルサレム、ユダヤとサマリアの全土、さらに地の果てまで、わたしの証人となります」(使徒1・8)と言われました。

こうしてペンテコステの日になり、聖霊が一人ひとりの上にとどまり、弟子たちが聖霊に満たされました(同2・4)。ペテロはヨエル書を引用しながら、世界中から集まっているユダヤ人たちにイエス・キリストを力強く証しし、約束どおりに聖霊が注がれたことを伝えました(同2・33)。さらに、ペンテコステの説教の最後に、悔い改めて、主イエスを信じ、バプテスマを受ける者には聖霊が与えられると宣言しました(同2・38)。ペテロが語ったように、父なる神さまはすべてのキリスト者に聖霊を賜物としてお与えになるのです。

イエスさまとともに働かれた聖霊は、私たちとともにおられます。それは、地上生涯を歩まれたイエスさまが父なる神さまのみこころを聖霊に力づけられながら行われたように、私たちも聖霊に導かれ、力づけられながら父なる神さまのみこころを行っていくためです。

ともにおられる聖霊の働き

「そしてわたしが父にお願いすると、父はもう一人の助け主をお与えくださり、その助け主がいつまでも、あなたがたとともにいるようにしてくださいます。この方は真理の御霊です。世はこの方を見ることも知ることもないので、受け入れることができません。あなたがたは、この方を知っています。この方はあなたがたとともにおられ、また、あなたがたのうちにおられるようになるのです。」（ヨハネ14・16〜17）

イエスさまは、父なる神さまが「もう一人の助け主」である聖霊を与えてくださり、そしてその助け主はいつまでも、弟子たちとともにいてくださると語っています。ギリシア語の「パラクレートス」は、「パラ＝傍《かたわ》らに」と「クレートス＝呼ばれた者」からなる名詞です。日本語訳聖書では、「助け主」「弁護者」などと訳されています。聖霊は、私たちとともにいて、私たちを助け、弁護してくださる方です。それでは、ともにおられる聖霊がどのようにして、私たちを助けてくださるのでしょうか。いくつかの項目に整理してみたいと思います。

①人を神さまに立ち返らせ、信仰に導く

聖霊は、「罪について、義について、さばきについて、世の誤りを明らかになさいます」（ヨハネ16・8）。聖霊の働きの中心は、人が神さまとともにいることの実現です。そのためにまず、聖霊は罪人である人間を神さまに立ち返らせようと働かれます。神さまから離れた生活は罪であること、神さまとの関係を回復する道があること、裁きがあることを教えてくださいます。聖霊の働きによって、人はその罪を認め、神さまのほうを向く（悔い改める）のです。

もちろん聖霊の働きは、私たちを悔い改めに導くだけではありません。聖霊は「真理の御霊」ですから、イエス・キリストを証しし、真理であるイエス・キリスト（同14・6）のもとに導いてくださいます。イエスさまは弟子たちに繰り返し、苦しみを受けること、長老たち、祭司長たち、律法学者たちに捨てられ、殺され、三日目によみがえること（ルカ9・22）を話しましたが、弟子たちの心の目は開かれておらず、真理を悟ることはできませんでした。彼らが真理を知ることができたのは、イエスさまに目を開いていただいてからです（同24・31）。

聖霊は私たちの心の目を開いてくださり、神さまの愛の広さ、長さ、高さ、深さを理解する力を与えてくださいます（エペソ3・18）。パウロは「私たちに与えられた聖霊によって、神の愛が私たちの心に注がれている」（ローマ5・5）と述べています。聖霊は私たちに神さまの愛を示し、理解させてくださいます。聖霊の助けによって、私たちは主イエスさまの十字架の愛を経験し、信仰を持つことができるのです。「聖霊によるのでなければ、だれも『イエスは主です』と言うことはできません」（Ⅰコリント12・3）とあるように、聖霊によって私たちは信仰を告白できるよう導かれます。神から離れた罪人である私たちを救うために、聖霊は働いておられるのです。

②人を新しく生まれさせ、神の子どもとする

イエスさまはニコデモとの対話（ヨハネ3・1〜15）で、神の国に入るには人は新しく生まれる必要があると言われました。そのことばを理解できないニコデモに、御霊によって新しく生まれる者が、神の国に入る者であり、永遠のいのちを持つことを教えられました。聖霊によって私たちは新しく生まれ、古い人から新しい人へと造り変えられます。パウロもまた神さまが「聖霊による再生と刷新の洗いをもって、私たちを救ってくださいました」（テトス3・5）と証ししています。

聖霊によって新しく生まれた者は、神の子どもとされています。私たちは、神の子どもであるので、神さまを「お父さん」と呼ぶことができるのです。私たちが神の子どもであることを聖霊が証ししてくださるからです。「あなたがたが子であるので、神は『アバ、父よ』と叫ぶ御子の御霊を、私たちの心に遣わされました」（ガラテヤ4・6）と書かれているとおりです（ローマ8・14〜16も参照）。

③神のかたちの回復をもたらす

主は御霊です。そして、主の御霊がおられるところには自由があります。私たちはみな、

覆いを取り除かれた顔に、鏡のように主の栄光を映しつつ、栄光から栄光へと、主と同じかたちに姿を変えられていきます。これはまさに、御霊なる主の働きによるのです。（Ⅱコリント３・17～18）

人は「神のかたち」に創造されました（創世１・26～27）。しかし、アダムとエバが罪を犯して神さまに逆らった時、神のかたちはゆがめられました。創造の時に与えられていた、もともとの神のかたちは失われ、人は罪と死の支配の下に置かれてしまいました。しかし、イエス・キリストの贖いのゆえに、聖霊は神さまから離れた人間を悔い改めと信仰に導き、さらに神の子どもとしてくださり、罪と死の支配から解放してくださいました。こうして聖霊は私たちのうちに神のかたちを回復してくださるのです。

パウロはガラテヤ教会のキリスト者に、かつての古い生き方から離れるように、肉に従って生きるのではなく、「御霊によって歩みなさい」（ガラテヤ５・16）と勧めています。聖霊の支配と導きに従っていく時に、主は御霊の実を結ばせてくださるのです。「しかし、御霊の実は、愛、喜び、平安、寛容、親切、善意、誠実、柔和、自制です」（同５・22～23）。御霊の実を結ぶことは、神のかたちの回復の中心的な要素と言えるでしょう。御霊の実の最初に「愛」とあります。神のかたちの回復というのは、神さまを愛し、人を愛する愛の回復と言えるのではないでしょうか。第2章のまとめで書いたように、放蕩息子は父の愛に包まれていました。その愛に気づくのには時間がかかりましたが、父のもとに帰った時に、愛されていることを本当の意味で経験することができました。私たちも、聖霊の助けによって神さまに愛されていることを体験していく時に、私たちの内側が愛の心へと造り変えられ、人を愛することのできる者となるのだと思います。

④うめきをもって、とりなしてくださる

同じように御霊も、弱い私たちを助けてくださいます。私たちは、何をどう祈ったらよいか分からないのですが、御霊ご自身が、ことばにならないうめきをもって、とりなしてくださるのです。人間の心を探る方は、御霊の思いが何であるかを知っておられます。なぜなら、御霊は神のみこころにしたがって、聖徒たちのためにとりなしてくださるからです。（ローマ8・26〜27）

聖霊は弱くてもろい私たちを助けてくださいます。私たちが試練に遭う時には祈りたくても祈れない時もあります。そのような時に聖霊はうめいてくださり、とりなしてくださる方です。イエスさまが十字架にかかる前、ゲツセマネで苦しみもだえて祈られたことが書かれています。

しかし、一緒にいた弟子たちは、「悲しみの果てに眠り込んでいた」（ルカ22・45）とあります。血のしずくのような汗を流しながら、苦しみもだえて祈られているイエスさまを、弟子たちはどのような思いで見ていたのでしょうか。あまりに悲しくてどのように祈ったらよいのか分からなかったのかもしれません。しかし、聖霊は弱い私たちを助け、とりなしをしてくださる方です。

今から二十年以上前のことです。アメリカの神学校を卒業し、日本に帰国した私は、空港からその足で大学病院に行きました。母が入院し、大きな脳の手術を受けることになっていたからです。手術についての説明を聞いていると心が苦しくなり、その晩一人で夜行バスに乗り、福岡から大分の自宅に帰りました。母のために祈らなければと思うのですが、あまりに悲しみが深いために、祈りになりません。バスの後部席に座り、声が出ないようにと口を抑えながらずっと泣いていました。息をするのがやっとでした。まだ二十代で若かったというのもあるのですが、アメリカにいた時には母が病気であることを知らされておらず、帰国して突然のことだったので気持ちの整理がつかなかったのだと思います。自分では祈ることはできませんでしたが、神さまに思いを向けていました。そして、今でも覚えているのですが、福岡から三時間バスに揺られ、間もなく大分駅に到着するころに、「神さま、母のいのちを守って」とようやく祈りが言葉になりました。聖霊はそれまでも言葉にならない私のうめきを受け止め、とりなしをしてくださっていたのだろうと思います。それは魂から噴き出る叫びのような祈りでした。

⑤神の慰めをもたらす

神は、どのような苦しみのときにも、私たちを慰めてくださいます。それで私たちも、自分たちが神から受ける慰めによって、あらゆる苦しみの中にある人たちを慰めることができます。（Ⅱコリント1・4）

ここでパウロが使っている「慰め（パラクレーシス）」は、苦難の中にある者への神からの慰めを意味しています。パラクレーシスは、聖霊について言及しているギリシア語の「パラクレートス」と同じ語源を持つ言葉です。「パラクレートス」は、「そばに呼ばれた者」であり、「弁護者、助け主」（ヨハネ14・16〜17）と訳されると前に説明をしました。神の慰めは、聖霊と深い関係があると言えます。何より神さまとイエスさまの臨在は、聖霊によって私たちのうちに実現しているわけですから、神の慰めは聖霊によってもたらされると言えるでしょう。

聖霊は、苦難にある者のそばにいて、慰めてくださる方です。日本語での「慰める」という言葉は「心をなごやかに静める・苦しみや悲しみを紛らわせる」という意味がありますが、聖霊による「慰め」は一時的に気を紛らわすことではありません。それは、つまるところ「聖霊なる神さまがともにいる」ということです。

私たちもまた苦難の中にある人とともにいたいと願っても限界があります。例えば、物理的に距離がある場合、いつもともにいることはできません。近くにいても、人が人を慰めるには限界があります。慰めたいと思って発した言葉で傷つけてしまうこともあります。人が人とともにいることは難しいだけではなく、それが「慰め」とはならないこともあるのです。ですから、「神がともにいる」というのは人にとっての慰めなのです。なぜなら、創造主なる神さまは私たちのことをよく知ってくださった上で、どこまでも愛し、うめき、とりなしてくださり、必要な助けを与えてくださる方だからです。

⑥私たちに希望を与え、救いの完成へと向かわせる

聖霊は、苦難の中にいる私たちのためにとりなし、神さまの慰めをもたらしてくださいますが、さらに私たちに救いの完成の希望を与えて、その実現へと導いてくださいます。私たちは聖霊の働きにより、救われ、神の子どもとされて生きていますが、新約聖書は私たちが完成に向かって生きていることも明らかにしています。パウロは「イエスを死者の中からよみがえら

せた方の御霊が、あなたがたのうちに住んでおられるなら、キリストを死者の中からよみがえられせた方は、あなたがたのうちに住んでおられるご自分の御霊によって、あなたがたの死ぬべきからだも生かしてくださいます」（ローマ8・11）と述べて、将来の復活の希望について語っています。私たちは、イエス・キリストの再臨の時に、復活し、新しいからだが与えられて、新しい天と地に生きる者とされるのです。さらにパウロは、「御霊の初穂をいただいている私たち自身も、子にしていただくこと、すなわち、私たちのからだが贖われることを待ち望みながら、心の中でうめいています」（同8・23）とも語り、私たちのからだの贖いについての希望を伝えています。聖霊は私たちの内側を造り変えて、神のかたちの回復をもたらすだけでなく、私たちに復活のからだを与えて、からだの贖いを完成してくださいます。

パウロはローマ人への手紙の最後で「どうか、希望の神が、信仰によるすべての喜びと平安であなたがたを満たし、聖霊の力によって希望にあふれさせてくださいますように」（同15・13）と祈っています。聖霊は私たちに将来の復活の希望を与え、からだの贖いを待ち望みつつ、主の再臨を待つよう励ましてくださるのです。

神の栄光を現す聖霊の宮

あなたがたは知らないのですか。あなたがたのからだは、あなたがたのうちにおられる、神から受けた聖霊の宮であり、あなたがたはもはや自分自身のものではありません。あなたがたは、代価を払って買い取られたのです。ですから、自分のからだをもって神の栄光を現しなさい。（Ⅰコリント6・19〜20）

聖霊はイエス・キリストを信じる者の内に住んでくださるので、キリスト者は「聖霊の宮」です。旧約聖書では、神さまは幕屋や神殿をご自身の住まいとしてくださり、イスラエルの民とともにいてくださいました。神の民は、幕屋や神殿で神さまを礼拝しました。新約の時代、イエスさまが地上に来られて、ご自身が神殿となられ、「インマヌエル」と呼ばれる（マタイ1・23）方として地上生涯を歩まれました。そして、十字架と復活により贖いを成し遂げて、新しい契約の仲介者となられました（ヘブル9・15）。こうしてインマヌエルの約束は成就したのです（マタイ28・20）。

イエスさまが天に昇られる前に約束してくださったように、聖霊が降り、私たちの内に住んでくださるので、私たちは「いつも主とともにいる」ことができるようになりました。私たちのからだが聖霊の宮であるとは、身体を含めて私たちの全存在が、神さまが住まう場所であることを表しています。こうして私たちは、聖霊に導かれながら、その存在を通して神さまの栄光を現すために生きています。

ペンテコステの日に聖霊が降り、教会が生み出されました（使徒2章）。教会とは、イエス・キリストを救い主として信じ、聖霊が内に住まわれるキリスト者の集まりであり、聖霊によって生み出され、聖霊によって導かれていく共同体です。コリント人への手紙第一6章19〜20節の「あなたがたのからだ」という表現は、単にキリスト者個人の存在を表しているだけではありません。共同体である教会も表しているのです。つまり、キリスト者一人ひとりが聖霊の宮であり、キリスト者が召されて集まる教会もまた聖霊の宮なのです。教会もそこに集まる一人ひとりのキリスト者も、その存在を通して神の栄光を現します。

パウロはピリピ教会に「ですから、キリストにあって励ましがあり、愛の慰めがあり、御霊の交わりがあり、愛情とあわれみがあるなら、あなたがたは同じ思いとなり、同じ愛の心を持ち、心を合わせ、思いを一つにして、私の喜びを満たしてください」（ピリピ2・1〜2）と語っています。ここで書かれている「励まし」はパラクレーシス、「交わり」はコイノニアです。教会は聖霊を中心とした交わり（コイノニア）の中で、愛や慰め、憐れみ、励ましを与え合う共同体へと変えられていきます。聖霊によって導かれる時、教会は思いが一つとなり、互いに愛し合い、主にある慰めを与え合う関係性が築かれていき、ともにキリストを証ししていくのです。これが、神の栄光を現す教会です。

◆まとめ◆

聖霊なる神さまが信じる者の内に住んでくださいます。聖霊の助けにより、神さまとともにいることで、神さまからの愛や慰めを受けることができます。また苦難の中で、弱くて脆《もろ》い私たちは聖霊に導かれつつ、神のかたちへと造り変えられていきます。御霊の実を結びながら、栄光から栄光へ主と同じかたちへと近づいていくのです。さらに聖霊は、私たちに復活のからだを約束し、私たちが主の再臨の時、新しい天と地で主とともに生きるために、私たちのからだを贖ってくださいます。私たちは復活の希望を持ちながら、主イエスさまの再臨を待ち望むのです。

第1部　まとめ

第1部では、キリストの愛に基づくグリーフケアを実践するために、聖書に聴くことから出発しました。グリーフケアをすること、グリーフの中にある人の声に耳を傾けること（傾聴）は、その人と「ともにいる」ことにほかならないからです。そのために、私たちとともにおられる神さま、イエスさま、聖霊なる神さまについて概観しました。

神さまはともにいて、交わりを持つために人間を創造しました。けれども人は神さまに逆らい、罪を犯しました。その結果、罪と死がこの世界に入ってきました。そのために神さまもともに歩むことができなくなったのです。けれども神さまはアブラハムを選んで契約を結び、その子孫であるイスラエルを祝福することで、「ともにいる」ことを実現しようとしました。モーセを通して律法を与え、幕屋と神殿に住まうことで、イスラエルとともに歩もうとされたのです。しかし、イスラエルは神さまに反逆して、律法から離れ、バビロン捕囚となり、神殿も破壊されてしまいました。

それでも神さまはあきらめることはありません。アブラハムとの契約を果たすために、イエスさまを送ってくださったのです。そしてイエスさまを通して、神さまがともにいることを実現しました。主イエスは、地上の生涯で、神さまがともにいることを体現し、十字架と復活によって、罪のゆるしによる贖いを成し遂げてくださいました。それにより、人は神さまとともに歩むことができるようになったのです。

そしてイエスさまを救い主として信じる者に聖霊が与えられています。聖霊は私たちを神のかたちへと造り変えてくださいます。聖霊によって癒やされ、励まされ、導かれつつ、救いの完成であるからだの贖い、復活へと、希望の中を生きています。

また私は、新しい天と新しい地を見た。以前の天と以前の地は過ぎ去り、もはや海もない。私はまた、聖なる都、新しいエルサレムが、夫のために飾られた花嫁のように整えられて、神のみもとから、天から降って来るのを見た。私はまた、大きな声が御座から出て、こう言うのを聞いた。

「見よ、神の幕屋が人々とともにある。

神は人々とともに住み、人々は神の民となる。

神ご自身が彼らの神として、ともにおられる。

神は彼らの目から
涙をことごとくぬぐい取ってくださる。
もはや死はなく、
悲しみも、叫び声も、苦しみもない。
以前のものが過ぎ去ったからである。」(黙示録21・1～4)

新しい天と地が到来する日を神の民は待ち望んでいます。その日、神さまと人々がともに住む神の国が完成するからです。もはや、死もなく、悲しみも、叫び声も、苦しみもない神の国です。創世記3章で人が神のかたちを喪失した時に始まった、神さまによるグリーフケアが終結する時が来ます。神さまによるグリーフケアとは、神が人とともにいるということです。ですから私たちが目指すグリーフケアとは、神さまとともにいる人が、聖霊に導かれながら、グリーフの中にある人と「ともにいる」ことに尽きます。ともにいてくださる神さまが、私たちのグリーフケアの唯一のモデルなのです。

第2部

わたしはあなたとともにいる

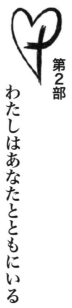

第1部では、「神が私たちとともにおられる」という聖書全体を流れるメッセージを味わいました。聖霊が私たちの内に住んでくださり、ともにいてくださり、私たちの祈りに耳を傾けてくださいます。私たちもまた、内に住まわれる聖霊の助けをいただきながら、人の話に耳を傾けたいと思います。私たちには弱さや限界がありますが、神さまがともにいてくださるので、必要な人に近づき、ケアをすることができます。

繰り返しになりますが、人が人とともにいることには限界があります。現に、人にはいろいろな制約があります。例えば、コロナウイルスやインフルエンザの感染が蔓延《まんえん》している時には、病院や介護施設などにお見舞いに行くことが許されません。近くに行って手を握り、お祈りしたくてもできないもどかしさを覚えます。

あるクリスチャンの話です。未信者のお父さんが入院をし、「長くはないでしょう」と告げられたそうです。なんとか伝道をしたいので「短い時間だけでも会わせてほしい」と病院側にお願いしたのですが、コロナの感染が拡大している時期であったために断られました。彼女は、病院の待合室でお父さんの救いのために祈り続けたそうです。最後のお別れに立ち会うことができなかったので、お父さんの救いについて確信を持つことができないと悲しんでおられました。このように思わぬ形で道が閉ざされ、すぐそばにいるのに会えないということもあります。

それでは、物理的な制約がなければ私たちは誰かとともにいることができるでしょうか。実際はそうではありません。同じ部屋にいて、隣に座っていたとしても、互いに無関心であり続けることができます。ともにいるためには、意識して相手に心を向ける必要があります。毎週日曜日には教会でお会いしても、それぞれが神さまを礼拝することだけに心を向け、周りにいる人にはまったく関心を示さないこともできるでしょう。礼拝の中で、「立ち上がって周りの人にあいさつをしましょう」という取り組みをする教会もありますが、主にある共同体となるためにはこのような意識した取り組みが必要なのかもしれません。

カウンセリングで同室にいながらも、ともにいることが難しいと感じることがあります。家族を自死で亡くした方のカウンセリングをしていた時のことです。お父さんが長い間アルコール依存症で家族はさまざまな葛藤の中に置かれていましたので、お父さんが亡くなられた時に正直ほっとしたそうです。でも、告別式では親戚から「あなたたちのせいで自死したのよ」と責められました。それを機に子どもたちは自分を責めるようになり、自傷行為を繰り返しています。私は、その方のお話をずっと聴いていましたが、カウンセリングを終え、相談室で一人になった時、何とも言えない無力感に襲われました。私はどれだけ相談者の思いを聴くことができたのだろうか、相談者は私に受け止められたと感じたのだろうかと悩みました。

人が人にできる支援には限界がありますし、人が誰かと「ともにいる」というのは、人が人であるがゆえに難しい時もあります。聴いていて楽しい話もあれば、心痛む話もあります。時には耳をふさぎたくなるような話を聴くこともあるでしょう。これまでのカウンセリングの中でも、もう聴いていられないと思い、「あなたの話を聴いていると、私はとても心が苦しくなります」とお伝えしたこともあります。

例えば、子どもを殴ったり蹴ったりしている親から「しつけだから当然でしょう」と開き直られる時、共感的に聴こうとしても心がついていきません。学校でのカウンセリングで、虐待を受けている子どもからも相談を受けます。「どうしたら、お父さん、僕のことを叩かなくなるかなぁ。今日は家に帰りたくないなぁ」と悲しそうに話してくれます。ずっと一緒にいてあげたいと思っても、それはできません。「なんとか今日は無事でいられますように」と祈りつつ送り出していました。ですから、お父さんから「子どもは昔のテレビと同じですよ。叩かなきゃ直らない」と言われた時には耳をふさぎたくなりました。私の心が相談者とともにいることを拒んでしまうのです。

このような初期の失敗経験を経て、どのような思いになってもその場に居続け、心を開いて聴くことができるようになると、少しずつ変化が生じました。心を閉ざしているお父さんやお母さんも、徐々に「育て方が分からない、悔しい」と、彼らの「もがき」を話し始めることがあります。もし聴き手が正義感や独りよがりの思いで耳も心も閉ざすならば、そこには対話は生まれません。相手が心を開き、心の内にある思いを話すことができるためには、ともに居続ける必要があります。

ともにいることは容易なことではありません。それでも神さまが出会わせくださる人とともにいて、その人に耳を傾けていきたいと思います。第2部では、人の話を「聴く」というテーマに取り組みます。第4章では、そもそも人の話を「聴く」とはどういうことか、なぜ聴くことが必要なのかをともに考えます。その後、第5章から第7章では、心理学者カール・ロジャーズが提示した「カウンセラーの中核三条件（無条件の積極的関心、共感的理解、自己一致）」を参考に聴き手の姿勢を学びます。

第4章 「聴く」とは

聴くというのは、人と人の間に橋を架けることとです。「聴く」は、自然に音や声が耳に入ることを意味する「聞く」とは異なり、相手に関心を持ち、意識して耳を傾けることを意味します。聴くことによって、相手のことを大切にしているというメッセージを伝え、建設的な関係を構築することができます。聴くことは人間関係の基盤ですが、自然にできることではありません。意識して取り組むことなしには、聴いていないことに気づくことさえできません。本章では、「聴く」ことについて基本を確認しながら学んでいきたいと思います。

ともにいること

「何をするか（doing）」よりも「どうあるか（being）」が重要であるというのは、「聴く」ことにもあてはまります。傾聴とは、聴く人が話す人と「ともにいる（being with）」ことです。人の話を聴こうと意識してそこに存在すること（being）に意味があります。もちろん、人を理解しようと努める（doing）ことは大事なことです。しかし、理解することを求めるあまり、聴く側が前のめりになってしまうことで新たな問題が生じます。例えば、「分かるように説明しなければ」というプレッシャーを話す人に感じさせてしまうかもしれません。精神科医の松木邦裕は、「熱心に聴く」ということについて警鐘を鳴らします。

クライエント／患者のこころを理解しようと聴くとき、彼／彼女の語ることにただ一心不乱に集中すればよいというものではないのです。熱心に一心不乱に集中すること、それ自体が余裕のなさに通じますし、どこかに集中することは別の何かを削ぎ落としてしまいます。結果的に、それは聴くことの妨害になりうるのです。(6)

熱心さは大切であると思います。でもその熱心さが、話している人の思いに気を配ることなしに一方的に向けられるならば、相手を緊張させ、話しづらい雰囲気をつくってしまうかもしれません。聴く人がそこに存在すること、そして、話している人のことを思いながらともにいること自体に意味があることを覚えておきたいと思います。鷲田清一は、そばにいることを「無条件のプレゼンス」と表現し、そばにいることはゼロではない、何かをしてあげないとプラスにならないわけではないと言います。(7)「聴いているだけで何もしていないのです」と言う人がいます。確かに、聴くことしかできない自分に無力感を感じることがあります。しかし、そばにいて聴くこと自体に十分意味があるのです。

ともにいるための場をつくる〜もてなし〜

人の話を聴くためには「ともにいるための場」をつくることから始めます。そのために私が大切にしているイメージは「もてなし」です。

臨床心理士の学びを始める前の私は、大きな勘違いをしていました。私は人に熱心に向き合うことが何よりも大切で、熱心に向き合えば人の心は動くと思っていたのです。若さゆえに自分の力を過信していました。その後、臨床心理士の学びをし、臨床の現場で働くようになってから、さまざまな問題で悩む人たちの話を聴く機会が増えました。その経験を通して、人の熱心さではどうにもならないこと、熱心さで向き合うことで逆に傷口に塩を塗ってしまうこともあると教えられました。

そして、ある時から「もてなし」のイメージづくりを心がけるようになりました。その時に参考にしたのがアリゾナ州でクリスチャンのご夫妻から受けた「もてなし」です。

私は大学生の時、初めて交換留学生としてサンフランシスコ州立大学に一年間留学をしました。大分県で育ち、飛行機に乗ったことがなかった私にとって初めての海外でした。当時は米国で留学生が射殺された事件もありましたので、とても緊張していました。最初にアリゾナ州のクリスチャン夫婦の家庭を訪れました。このご夫妻は初対面の私を笑顔で受け入れ、手料理をふるまい、観光に連れて行ってくれました。初めて会った外国人である私を彼らのホームに招き入れ、まるで家族のように受け入れてくれたのです。ご夫妻と過ごすことで私の緊張は少しずつ和らぎ、アメリカでの生活のために備えられました。あたたかい雰囲気、優しい笑顔、心のこもった料理をともにした食卓を思い出します。そこは、自分が自分でいられる場所でした。つたない英語でしたが、自分の思いを言葉にしたいと思いました。

私以上に、彼らはとても楽しそうでした。「あなたがいてくれて、私たちはとってもうれしいのよ」と繰り返し言っていました。もし彼らが私をもてなすために眉間にしわを寄せて必死になっていたら、私も緊張したと思います。お昼ご飯をフードコートに食べに行った時には、「好きなものを食べなさい」と言ってお小遣いを渡してくれました。初めてのアメリカのフードコート、初めての英語での買い物でしたから、とても時間がかかりました。なんとか日本食を見つけ、照り焼きチキンとごはんのセットを買ってテーブルに戻りました。すると、彼らはフライドチキンを前にニコニコしながら待っていました。それから、ともに主に祈り、私は温かい日本食を、彼らは冷めてしまったフライドチキンを食べました。私が私でいられるように、私の弱さも受け入れてくれた優しいご夫妻でした。三十年以上経った今でも、彼らのぬくもりを心に感じることができます。

「もてなし」というのは、もてなす側も、もてなされる側も、自分でいられる（being）場であり、双方が安心してともにいることのできる場が提供されることです。ともに時間を過ごすことを通して、互いの心が触れ合う信頼関係が築かれていきます。これを心理学では「ラポール」と言います。フランス語で「橋を架ける」という意味だそうです。人の話を聴くことで、人の心と心の間に橋が架かります。

相談室でのカウンセリングでも、「もてなし」を心がけるようにしています。「もてなし」は、相談に来られる方を迎え入れる前から始まります。まずは、私自身が身構えることなく自分でいられるようにと心がけます。これは自然にできる時とできない時があります。緊張するようなカウンセリングの時には、主の前に祈り、心の深い部分に平安をいただかなくてはなりません。次に、相談者がドアをノックする時、なるべく明るい声で返事をするようにしていま す。臨床心理学を学んでいた時、教授の部屋をノックすると明るい声でいつも返事がありました。緊張している時も、気持ちが落ち込んでいる時も、明るい声での返事によって安心できたことを覚えています。相談者を相談室の中に迎え入れた後は、本格的な「もてなし」が始まります。相談者がリラックスしていられるように、表情、声の大きさやトーン、座る姿勢などに気を配りながら、柔らかい雰囲気をつくるように工夫します。相談者の表情、しぐさなどを観察しながら、相談者に合わせて変えていきます。相談者が元気のない時には、大きな声で明るくあいさつしても圧倒させてしまうかもしれませんから、少し声を落としてあいさつをするというような工夫です。このような小さな気配りをすることで、緊張した面持ちで入室した相談者でも、徐々に表情が和らぎ、「なにから話せばよいかわからないんですけど」と言いながらも話し始めます。

「もてなし」のイメージを持ちながらのカウンセリングを心がけるようにしてからは、相談者が帰る時には、「今日ここに来てよかったです」と言われることが増えたように思います。相談の前後で、その人が抱えている問題が解決したわけでも、なくなったわけでもありません。それでも、独りではないと思える、自分が受け入れられていると感じる、少しリラックスして客観的に問題を見つめる視点を得ることで、少しでも元気になって相談室から出て行くことができるように心がけています。ともにいるための場をつくることは、人の話を聴く時にとても大切なことです。

心で聴く

福島県の子ども園で東日本大震災後に緊急スクールカウンセラーとして勤務していた時のことです。卒園前の子どもたちが小学校の見学に行く前、園長先生が問いかけました。「これから小学校で校長先生のお話を聴きます。どのように聴きますか？」私はその様子を「難しいことを聞くんだなぁ」と思って見ていました。すると、一人が手を挙げ「目と耳と心で聴きます」と発言しました。子どもたちは普段からそのように教えられていたのだと思いますが、とても大事なことだと思いました。

それでは、人の話を心で聴くとはどういうことでしょうか。それは相手の思いに触れ、相手の思いを受け止めることです。相手が語る内容を正確に理解しようとするのは必要なことです。でも、それだけでは相手は「聴いてもらえた」と思えないかもしれません。聴くとは、「相手が聴いてもらえた」と思えるような聴き方をすることです。もちろん、どのような聴き方をすれば「聴いてもらえた」と思えるのかは、人によってさまざまですので、聴き手は工夫する必要があります。しかし、「聴いてもらえた」と思える聴き方の原則は、話している人の思いに触れ、その思いを受け止めることです。

震災直後に被災地を訪問した時、崩壊した家の前に座り込む一人の女性がいました。その様子が少し気になったので近づくと、その方は堰《せき》を切ったように何が起きたのかを話し始めました。私は「この方は、その時にどのような気持ちだったのだろう」と想像しながら話を聴いていました。少し話が途切れた時に「恐かったでしょうね」と、想像していたことを言葉にしてみました。すると、その女性がはっとしたような表情になり、少し大きな声で「そう、恐かったんですよ。もう死ぬかと思って」と心に収めていた気持ちを吐き出すように言われました。そこで私はもう一度「恐かったですね。生きた心地がしなかったですよね」と伝えると、大きくうなずいていました。当時の状況を思い出しながら話をしていた時には、顔がこわばっていましたが、お別れする時には穏やかな表情になっていました。自分自身が経験したことやその時に感じていたことを話すことで、心が少し軽くなったのかもしれません。

このように「心で聴く」というのは、話す人が自身の思いに触れ、その思いを言葉で表現するプロセスに聴き手が伴走することです。そのためには、聴く人も相手の思いを想像し、感じながら聴く必要があります。思いが語られないからといって、それがないわけではありません。近親者が自死で亡くなった後、遺された人の悲しみは「サイレントグリーフ（沈黙の悲しみ）」と言います。「自死で亡くなった」と人には言ってはいけないと考える、もしくは家族に口止めをされることがあります。自死と言わない／言えないので、自分自身が感じているグリーフについて話せない遺族もいます。話さないからといって、グリーフがないわけではありません。強いられた沈黙の中で、グリーフは抑圧され、どこかで別の形で表現されることもあります。子どものグリーフサポートをしている西田正弘は、沈黙と「あのね」の間をつなぐために必要なのは「耳を傾ける相手」と言います。子どもたちが自分の体験や思いを話せない／話さないからといって悲しみがないわけではありません。どのように表現をしたらよいか分からない中で、「あのね」と語り出すことができるようにサポートするためには、その声や思いを受け止める相手が必要です(8)。

聴くことの意味

聴き手の存在が重要であり、聴くこと自体に意味があります。それは、人の話を聴くことによって、話している人に次のような機会を与えることができるからです。

①自分の思いに気づき、表現する

家ではおしゃべりなのに、学校に行くと全く話せなくなる子どもたちと時間を過ごしてきました。「場面緘黙《かんもく》」と言って、ある場面では話せなくなってしまうのです。お母さんに付き添ってもらい、子どもが相談室に来ました。家では話ができるので、お母さんが前もってその子の気持ちを聴き、代わりに話してくれました。「学校に来るのがつらいと言っています。」発表もしたいし、友だちとも話したいのに言葉が出てこないそうです。非常に能力の高いお子さんでした。小学校低学年でしたが、絵を描く時には細かい描写と美しい色使いが特徴的でした。私は「この子は表現したいことが心の中にいっぱいあるんだろうな」と、その絵を見ながら思いました。三人で相談しました。筆談や絵を通して表現するための作戦会議です。先生にも協力してもらい、その作戦を実行することによって、その子は少しずつ前向きになりました。言葉で表現できなくても、表現したいことがないわけではありません。せっかく表現しても、表現されたものを受け止める人がいなければ、心の中にある思いを表現できません。表現するための工夫と受け止める人の存在によって、その子は少しずつ心の中に収めずに外に表現する機会を得ていきました。

また、表現する機会を得て初めて、自分の心の中にある思いに気づくこともあります。小学校でいつもいじられている男の子がいました。本人は「いじられている」と表現しますが、周りから見ればあきらかに「いじめ」でした。洋服の中に大量の砂を入れられても、周りが笑うので本人も笑っていました。そのようなことが一年以上続いていたようです。ある日、お母さんが相談に来られました。その男の子には弟がいるのですが、彼が弟に辛辣ないじめをするようになってきた、いったい何が起こっているのでしょうとの相談です。彼は同級生から嫌なことをされても「嫌だ」とは言えず、その時に感じていたことを表現できずに心にしまい込み、笑ってやり過ごしてきたようです。次第に自分が嫌だと感じていることにすら気づけなくなりました。だからといって、嫌な思いがなかったわけではありません。その積もり積もった思いを弟へのいじめという形で表現していたのでしょう。

私はその子のカウンセリングの中で、同級生からされたことを思い出して、その時の思いを表現するように促しました。最初はニコニコ笑いながら話していました。「そんなことをされたら、私は笑えないな。嫌な気持ちになると思う」と少し揺さぶりをかけることもありました。カウンセリングを継続するうちに徐々に顔が曇る日も増え、時に怒りを表すこともありました。表現する機会を得て初めて、彼は心の中にしまい込んでいた思いに気づき、それを表すことができたのだと思います。思いに耳を傾ける、その思いを受け止める聴き手の存在によって、心の奥にしまい込んできた思いに気づき、表現する機会を人に提供することができます。

②自分を知る

聴いてくれる相手に話すことで、話し手は自分の気持ちに気づくだけではなく、自分自身を知ることができ、それが人格的な成長につながります。例えば、前に挙げた例では、自分がいじめられていた時に嫌だったのだという気持ちに気づくことができただけではありません。抑え込んでいた思いを弟にぶつけてしまう自分、気持ちを表現するのがあまり上手ではない自分に気づくことができました。自己理解が進んだと言えるでしょう。私たちは自分のことを知っているようで、実は知らないことが多いのだと思います。自分の体験を聴いてくれる相手に話しながら、未知の自分を発見し、驚くことも少なくありません。

社会心理学者のガーゲンは、「自己とは自己物語である」という考え方を示しました(9)。中学校では、「自分が分からない」とアイデンティティに関する相談は少なくありません。そのような相談を受ける時には、これまでに経験してきた印象深い出来事やその時の思いについて話してもらいます。それは、自己とは自己物語であるからです。短い自己紹介の時でさえ、少しストーリー性を持たせながら話すことがあるのではないでしょうか。

例えば、私はクリスチャンの方々に自己紹介をする時には、名前の由来を加えることがあります。「クリスチャンホームではないのですが、クリスチャンのような名前をもらいました」と言います。何気なく加える一言なのですが、このような自己紹介を繰り返すことで、クリスチャンホームではないのに聖書的な名前が与えられていることに恵みを感じ、その名のとおりに生きたいと願う自分であるという自己理解が進みます。さまざまな機会で自分自身についてのストーリーを話すことによって、自己理解が進み、自己はつくられていくのです。

乳幼児健診の心理士として勤務していたことがあります。言葉の発達を促すためには、周りの大人が子どもの気持ちを汲んで言葉で表現する、あるいは、子どもが話すことを聴いて受け止めます。例えば、寒そうにしている子どもには「寒いね」と、お友だちと遊んだことを話してくれる時には、「お友だちと遊んだのね、楽しかったね」と言い、受け止めます。保育園で友だちと遊ぶことを楽しいと感じた経験を大人と共有することで、言葉が発達するだけではなく、自己がつくられていきます。

聴いてくれる相手、受け止めてくれる相手に、自分が経験したこと、自分が感じていることを話すことは、話している人の自己理解を助けます。このように、聴き手の存在は発達的な視点からも重要であることを覚えておきたいと思います。

③新たな視点を得る

相談室に来られる方々は、行き詰まっている状況をなんとかしたいと思い、アドバイスを求めています。「早く、どうしたらいいか教えて」と急《せ》かされる場合もあります。しかし、相談者の話をじっくりと聴くことなしにアドバイスはできませんから、まずは話を聴きます。話を聴きながら、こちらも繰り返し話されるキーワードを繰り返したり、理解を深めるために質問したりします。興味深いことに、じっくりと話を聴いていると、話している人はそれまでには気づいていなかった視点に自ら気づくことがあります。その時には、もはやカウンセラーからのアドバイスは必要ありません。

子どもと三日間口を利いていないと話すお母さんがいました。子どもに何を言っても暴言を吐かれるので口を利きたくないと言うのです。どうしてそのような状況になったのかを幼稚園までさかのぼって話してくれました。中学に入学してからの出来事を思い出しながら話していた時のことです。ちょうど中学に入学するタイミングでお母さんが仕事を始めたそうです。そして、子どもの食事を作る時間がとれず、お店からもらってくるお弁当で夕食をすませることが増えたことに気づきました。「もしかしたら、私が仕事を始めて、忙しくて食事を作らなかったことも一因ですかね。忙しくて全然気づきませんでした」と言われました。それが原因かどうかは分かりませんから、「それが原因ですね」などとはもちろん言いません。「もしそれが影響していると思われるなら、少し工夫してみることも一案かもしれませんね。でも忙しい中で夕食を作るのは大変ですよね。どうしましょうか」と二人で作戦会議をしたことを覚えています。お母さんはそれまでの出来事を振り返りながら話すことで、現在の行き詰まっている状況をつくったのかもしれない要因に気づきました。新たな視点が得られれば、新しい取り組みにつながります。

丁寧に耳を傾ける相手に話すことで、話し手の中に生じる三つの点、①自分の思いに気づき、表現する、②自分を知る、③新たな視点を得る、ことについてまとめてみました。この三点だけでも、聴くこと自体にとても意味があることが分かると思います。聴くことの意味はほかにもありますが、それは第3部で触れていきたいと思います。

無知の姿勢

「無知の姿勢」とは、「分からないから教えてほしい」という姿勢です。人の話を聴いている時、少し聴いただけでアドバイスをしてしまうことがあります。本来ならば、話している人が何を経験し、そのことについてどのように感じているのかを十分に聴く前にアドバイスはできないはずです。それでもアドバイスをしてしまうのは、「分かったつもり」になっているからです。

実際、私たちは相手のことを知らないのです。自分の家族のことですら、知らないこと、分からないことが多いと思います。「知らないから教えてほしい」という姿勢で話を聴くと、話しているほうも話しやすくなります。また、分からないことについては、分かったつもりにならずに「もう少し教えていただけますか」と丁寧に質問することも覚えておくとよいでしょう。

◆まとめ◆

聴くとは、相手のことを思いやり、その人とともにいることです。私たちは自分が好きな人、一緒にいて楽しい人とならば、ともにいることは苦にならないと思います。しかし、話を聴く相手がいつもそのような人とは限りません。この人の話を聴くのは苦手だなと思うこともあるでしょう。誰かとともにいるためには、私たちの心が愛の心に変えられていかなくてはなりません。

信仰によって、あなたがたの心のうちにキリストを住まわせてくださいますように。そして、愛に根ざし、愛に基礎を置いているあなたがたが、すべての聖徒たちとともに、その広さ、長さ、高さ、深さがどれほどであるかを理解する力を持つようになり、人知をはるかに超えたキリストの愛を知ることができますように。そのようにして、神の満ちあふれる豊かさにまで、あなたがたが満たされますように。（エペソ3・17〜19）

人の話を聴けるようになりたいと願うならば、主の愛を知ることができるようにと祈ることから始めましょう。その愛が心の中で育っていけば、誰かとともにいることを願うようになるでしょう。そして、愛によって押し出され、相手のことを大切に思いながら話を聴くことができます。主に祈りつつ、「聴く」ことに取り組み続けたいと思います。

第5章　受け止める

これまで各地で傾聴セミナーをしてきました。参加者は、牧師、信徒、専門職などさまざまな立場の方々ですが、その中には傾聴のスキルを知りたいと言われる方がいます。スキルを学ぶことで聴けるようになりたいという気持ちは理解できます。実際、「聴き方セミナー」が多く開催され、「聴き方」について書かれている書物は多く出版されています。しかし、私は、「このセミナーはスキルを学ぶためのセミナーではありません」とお伝えすることから始めます。もちろん、継続的なセミナーでは、スキルを紹介することはあります。でも、それは傾聴の姿勢について学んだ後のことです。

スキルを学べば人の話を聴くことができるとは限らないと思います。包丁のもち方や野菜の切り方を学んでも料理が作れるとは限りません。また包丁は、誰が、どのような目的のために持つかによって使われ方が変わります。正しい使用法を知っているからといって、そのように使うとも限りません。人の行動は心の状態に影響されます。傾聴も同じです。傾聴にも「スキル」と呼ばれるものがありますし、それらを学ぶことはとても意味があります。しかし、スキルを学んだからといって聴けるようになるとは限りません。まずは聴く姿勢について学び、その姿勢を身につけることでスキルを有効に用いることができると考えています。

アメリカの心理学者カール・ロジャーズは、カウンセラーに必要な中核三条件（無条件の積極的関心、共感的理解、自己一致）を提唱しています。これらは、カウンセラーに限らず、あらゆる対人援助職、牧師など、人をケアしたいと願う人にとって必要な姿勢であると言えます。そして姿勢というのは、普段の生活においても意識しなければ身につけることはできません。あるバレエ教室の先生が生徒に話していました。「教室に来ている時間だけ姿勢を正し、普段の生活で背を丸めてスマホを見ているのでは姿勢は身につきません。日常生活においても正しい姿勢を意識するように。」これは、聴く人の姿勢にもあてはまると思います。日常生活において人の話を聴く時から、意識して取り組み続ける必要があります。第5章では、この中核三条件の中の「無条件の積極的関心（受け止める）」、第6章では「共感的理解」、そして第7章では「自己一致」の姿勢を学びます。

無条件の積極的関心（受け止める）

私が子どもたちと接する時に大切にしているのは「受け止めること」です。学校の廊下で会う子どもたちには、なるべく目を合わせ、笑顔であいさつをするようにします。また、相談室に来る子どもたちも、受け止めることから始めます。部屋の雰囲気や声の大きさなどに気を配りますが、何よりも私の心の状態を整えるようにしています。時に私自身が対峙しなくてはならない子もいますし、作り話ばかりをする子もいます。事前に情報を得ていますので、どのような子なのかを想像はしますが、実際に会う時には先入観を横に置き、ありのままを受け止めるために自分の心を整えます。「この人は自分のことを受け止めている」と子どもたちに思ってもらうために、どうあればよいのか（being）を模索する日々です。

本章では、「受け止めること」について考えていきたいと思います。ロジャーズは、これを「無条件の積極的関心」と表現しています。これは奥深く、とても大切な姿勢です。聖霊の助けをいただきながら、このテーマに取り組んでいきましょう。

「無条件」というのは、文字どおり、「条件つきではない」という意味です。つまり、「あなたが○○ができれば」「あなたが○○をしたら」という条件をつけないということです。聴き手の中に評価基準があり、それに合うものは受け止める、合わないものは受け止めないということではありません。「積極的関心」とは、相手の尊厳と価値を大切にし、その存在を丸ごと受け止めようとする姿勢のことです。これらをまとめると、無条件の積極的関心とは次のような聴き手の姿勢と言えるでしょう。

聴き手の枠組みにあてはめ、聴き手の評価基準に合うことだけを聴くのではなく、話している人が体験しているあらゆる面を一貫してそのまま受け止めていく態度であり、一人の人格を持つ個人としてありのままを尊重し、心から相手を大切に思うこと。

これは、スキルや技法によってできるようになることではなく、聴き手の心の中から生み出される姿勢です。このような姿勢で聴けば、話している人も「受け止められている」と感じられるようになるでしょう。

あらゆる面を受け止める

「無条件の積極的関心」はとても難しく、意味は分かってもしっくりこない感覚を長年抱いていました。まだ不十分ではありますが、カウンセラーとしての経験を積み重ねていく中で、少しずつ理解できるようになってきた面もあります。「無条件の積極的関心」とは、「話している人のあらゆる面を大切に思い、受け止める」ということです。私たちは意識していないと、自分が共感しやすい部分だけに耳を向けやすいものです。そして受け止めやすい／受け止めたい部分だけに共感します。その時点で、「無条件」ではなく、「条件つき」の聴き方になっています。話している人は、聴き手のそのような反応を察知し、徐々に聴き手が受け止めてくれることだけを話すようになるか、もしくは、「この人にはもう話しても仕方ない」とあきらめるでしょう。

小学校の時には優等生であった子が、中学校に入学してから、突然「学校に行きたくない、友だちと遊びたくない」と人との関係を遮断しはじめました。お母さんはとても驚き、学校で何かあったに違いないと理由を探し求めました。私は、その子と会う機会がありましたので、話を聴いてみました。彼女は言うのです。「私はずっと悪い子だった。お母さんは私の良い面しか知ろうとしてくれなかった。」そして彼女は続けました。「テストで良い点をとったとか、良い話をしたら笑顔で聴いてくれるけれど、友だちとうまくいかない話をしてもスルーされた。だから、お母さんには良い話しかしないようにしていた。」私は彼女の許可をもらい、この話をお母さんに伝えました。するとお母さんには、思い当たるところがあるようでした。その中学生には弟がいるのですが、弟に問題が多かったため、お母さんの中に姉の話を聴く余裕がなかったようです。特に、学校でうまくいっていないような話を聴くのはつらすぎたので、聴かないようにしていたそうです。お母さんの「条件つき」の傾聴は、彼女に、「母が聴きたくないことは話さないほうがいいのだな」との思いを与えてしまいました。次第に母が聴いてくれるような話だけをするようになったということでした。

話している人のあらゆる側面を受け止めるようにと意識することは、とても大事なことです。でも、それは本当に難しいことでもあると実感しています。「受け止める」とは、必ずしも同意することではありません。聴いていて心が痛むようなこと、全く同意できないことだとしても、話している人の考えや思いをまずは受け止めるということです。子どもたちと話をしていると、「私はかわいくない」「ぼくはダメだ」と自己卑下する声を聴くことがあります。すぐに「そんなことないよ」と打ち消し、「かわいいよ」と相手を肯定したくなります。でも、それは相手の思いを受け止めていることにはなりません。聴き手の「相手を励ましたい、慰めたい」という思いを優先させています。良い評価をすることで相手の悩みに蓋をして見えないようにしているにすぎません。聴き手によって覆われたその思いは、子どもたちの心の中に残り続けます。「こんなことは言わないほうがいいのかな」と、言葉にすることを控えるようになってしまうかもしれません。聴き手の心が痛むとしても、まずは、「かわいくないと思っているんだね」「自分のことをダメだと思っているんだね」と相手の思いを受け止めたいと思います。そうすれば、なぜそう思っているのか、例えば、お友だちに言われた、人と比べて自分でそう思うなど、その思いに至った理由を話す機会がつくられ、少しずつ子どもの傷ついている心が癒やされていくでしょう。それは、話している人の思いを覆って一時的に見えなくすることよりも、時間とエネルギーはかかりますが、有益です。

エスケープ／エスカレート

「受け止めてほしい」と思いながら話しても、「受け止めてもらえていない」と感じる時、人はどのような反応をするのでしょうか。一つは、エスケープです。つまり、「この人に話しても仕方ないだろう」と、その人には話さなくなる、あるいは、受け止めてくれる内容だけを選んで話すようになります。もう一つは、エスカレートです。なんとか話を受け止めてもらおうと、話の内容をエスカレートさせていくことがあります。先生についての不満を話す中学生と聴き手の会話を聴いてみましょう。

中学生「先生が無視する」
聴き手「そんなことあるわけないでしょ」
中学生「無視するだけじゃないよ。にらむんだよ」
聴き手「先生がにらむわけないでしょ。勘違いよ」
中学生「この間なんて、先生が私の悪口を友だちに言ってたんだよ」

この中学生は、先生との関係がうまくいかないという気持ちを受け止めてほしかっただけなのかもしれません。一方、聴き手は、先生がそんなことをするわけはないと事実関係に目を向けています。そこで中学生は、徐々に話の内容をエスカレートさせ、何とか受け止めてもらおうとします。人の話を聴いている時、相手の話がエスカレートしているのを感じることがありませんか。それは、相手の話を受け止めていないからかもしれません。

「受け止める」についての誤解

「受け止めることが大事」と思い、家庭や職場で実践しようと努力するのですが、しっくりこないことがあります。それは、「受け止めること」について、少し誤解しているからかもしれません。次の三点について考えてみましょう。

①受け止めるとは、「何でも相手の言うとおりにすること」ではない

相手の思いを受け止めることとは、必ずしも相手の意見に同意したり、同調することではありません。保護者を対象に傾聴セミナーをすると、時々質問を受けます。「受け止めることは大事だと思いますが、子どもの要求を受け止めてばかりだと子どもは何もしなくなります。それでよいのでしょうか。」子どもに対してだけでなく、どこでどのように境界線を引くのか判断に迷うことがあります。何もかも受け止めることは、相手にとっても、自分にとっても益にならないことがあります。不登校のお母さんから相談を受けたことがあります。子どもが学校に行かなくなり、徐々に生活が荒れていきました。思いどおりにならないと暴れます。暴れると困るので、子どもの要求をすべて受け入れることで、穏やかな生活ができるようになりました。しかし、子どもはわがままになり、夜中でも買い出しに行くようにと家族に要求するようになりました。

受け止めるというのは、必ずしも相手の言うとおりにすることでも、思いどおりになることでもありません。「〇〇が欲しい」と言われる時、その思いは受け止めても、思いどおりに動くかどうかは状況によります。

②問題行動を肯定することでも、否定することでもない

話を聴きながら、「明らかに間違っている」と思っても、「誰でもやるよね。気にしなくていいよ」と肯定したり、「そんなことしちゃダメでしょ」と否定することがあります。どちらの場合も、相手を受け止めたことにはなりません。受け止める前に評価をしているからです。

相談室では、問題行動を起こした子どもたちの話を聴くことがあります。自分からカウンセラーに話したくて来るというよりも、先生や両親に促されての来室です。彼らはすでに「そんなことしちゃダメでしょ」と叱られた後にカウンセラーに会いに来ます。このような場合、私は「行動の良し悪しについて、私のほうから話題にしない」と決めています。たとえ明らかに悪い行動をしてしまった子どもであっても、「あなたなりの理由があると私は思っているよ。教えてくれる?」と聞くようにしています。そうすると、それまで下を向いていた顔が上がります。「えっ? 話していいの?」と驚いたような表情を見せる子も少なくありません。その理由を聴き、本人の言い分を受け止めた後、「それで、あなたは今回のことをどう思っているの?」と聞きます。先生たちの前では反省しているように振る舞っても、心の中では「なんでそんなことまで言われなくてはならないのか」と反発している場合もあります。その正直な気持ちを聴き、受け止めるのが私の役割です。自分の言い分が受け止められることで、先生からの厳しい言葉も受け止めやすくなると思います。善悪を教える人、評価せずに受け止める人など、それぞれの役割があると思いますし、どちらも子どもを育てるためには必要なことです。ただし、「受け止める」というのは、問題行動を肯定することでも否定することでもないということは覚えておきたいと思います。

③必ずしも相手のことが「分かる」ということではない

受け止めるというのは、必ずしも相手のことが分かるということではありません。分からない面もあるけれど分かりたいと思っている姿勢で相手を受け止めるということです。人の心は複雑です。話している時に分かってほしいと思う反面、そんなに簡単に分かるわけはないとも思います。被災地でのことです。家族が津波で流された経験を支援者に話していた人の表情が徐々に硬くなっていきました。その理由を後で聞いてみると、その支援者から「分かります、分かります」と言われるのがとてもつらかったそうです。分かってほしいけれど、これは経験した人にしか分からない、だから簡単に「分かります」と言ってほしくないということがあるのです。分かる面も分からない面もあるけれど、相手の話を受け止めていく姿勢が大事です。話している人が「受け止められている」と思えるような聴き方を心がけたいと思います。

人は同じ出来事を経験したとしても、それぞれ感じ方や受け止め方が異なります。「分かる」というのは、「異なる」ことを知ることです。鷲田清一は、『語り切れないこと』の中で次のように言っています。

「分かる」というのは、その字のとおり「分かたれる」ということです。話しているうちに気持ちが一つになる、同じになるというよりも、むしろ逆に、一つの言葉に込められたものの意味や感触がそれぞれに異なること、相手との差異、隔たりがいよいよ細かく見えてくることということです。「分かる」というのは、そのことを思い知らされることでもあるはずです。(10)

「分かる」というのは、「分からない」ことを認めることでもあります。カウンセラーとして受けてきた相談内容を振り返っても、私には分からないことばかりです。例えば、リストカットをする子どもの気持ちを想像することはできます。でも、「分かりますか」と言われると、正直あまり分かりません。私はリストカットをしたいと思ったことがありません。それでも、彼らの心の痛み、「苦しい、助けて」という心の叫びを感じ、心を痛めます。彼らの思いを理解し、受け止めたいともがきながら過ごしていた時、次の鷲田の言葉に触れました。

聴くというのも、話を聴くというより、話そうとして話しきれないその疼きの時間を聴くということで、相手のそうした聴く姿勢を察知してはじめてひとは口を開く。そのときはもう、聴いてもらえるだけでいいのであって、理解はおこらなくていい。妙に分かられたら逆に腹が立つ。そんなに簡単に分かられてたまるか、と。(11)

「理解がおこらなくても聴いてもらえるだけでいい。」少し心が軽くなったように思いました。「彼らの気持ちを理解しなければ」と思いながら聴くと、「どうしてリストカットをしたくなるの？」と原因追及の聞き方をしてしまい、意図せずとも相手を追い込んでしまいます。「分かる」ことではなく、「受け止める」ことを目標にすることで、質問の仕方が変わってきました。「切りたいと思った時のことを教えてくれる？」と聞くと、例えば、お母さんとけんかした話や友だちとうまくいかなくて悩んでいたことを話してくれるようになりました。その語られた話やその話の中で表現される思いを受け止めていくように心がけたのです。
鷲田は「分かる」ということについて、次のようにまとめます。

結局、じぶんとの関係がどうこうということを離れて、つまりじぶんが言ったことが承認されるかされないかは別にして、それでもじぶんのことを分かろうとする相手がじぶんに関心をもちつづけていてくれることを相手のことばやふるまいのうちに確認できたとき、ひとは「わかってもらえた」と感じるのであろう。理解できないからといってこの場から立ち去らないこと、それでもなんとか分かろうとすること、その姿勢が理解においては一番たいせつなことなのだろう。(12)

分からないからといってその人のそばから離れず、ともに居続けることが大事なのだと思います。聴いている人が分かったかどうかではなく、話している人が「分かってもらえた」と思えるために受け止め続けていきたいと思います。

受け止められない時

受け止めたいと思っても、受け止めることが難しい時があります。それはどのような時でしょうか。次の四点に整理してみたいと思います。

①先入観にとらわれている時

先入観から完全に自由になることはできません。その先入観にとらわれてしまう時には、相手を受け止めることは難しくなります。例えば、嘘をついてしまう子どもの話を聴く時、「また嘘をついているのかな」と思います。その思いが浮かんでも、それにとらわれずに相手の話を聴くことが必要です。「この人はどうせ、いつもこうなのだから」と思いながら聴いていれば、それは相手に伝わります。それにより、話している人は「また決めつけられた」「どうせ分かってもらえない」「話す前から結論があるなら話す意味がない」と思うのではないでしょうか。

②自分の興味・関心を優先する時

話を聴いていても、聴いている人が自分の興味や関心を優先させてしまうならば、相手の話を聴き、受け止めることはできません。牧師対象で傾聴セミナーをする時、ほぼ毎回話題に上がることがあります。それは、人の話を聴いている時、「どの聖書の箇所を開こうか、何を言って励まそうか」と思い巡らすので十分に話を聴けていないことへの反省です。聴き手が自分の関心を優先させてしまうことで、聴く人と話す人の立場が逆転してしまうこともあります。いつのまにか、聴き手の関心に基づいた話が展開されることになるのです。人の話を聴く時には、注意を向ける方向をコントロールする必要があります。話を聴いていて何か気になることが生じても、それは一度横に置き、その時に何に注意を向けるべきかをコントロールすることが求められます。

③正解思考・アドバイス思考が働く時

相手の話を「正しいか、正しくないか」という二者択一で聴く傾向がある人は、受け止めることが難しいと思います。先に学んだように、受け止めるというのは、良い、悪いと評価することではないからです。聴き手の中にある「べき思考」が活発になると相手を評価してしまいます。そして、相手の話を十分に聴くことなくアドバイスします。「聴いたつもり」「受け止めたつもり」でアドバイスをして聴き手はすっきりするかもしれませんが、話しているほうはもやもやしてしまうかもしれません。

④ラベルづけや分類する時

私たちは人を分類して理解する傾向があります。自分が安心するからです。最近はあまり聞かなくなりましたが、血液型で人を分類し、それぞれの血液型について思考や行動の傾向性を分析し話題にすることがありました。この傾向はあらゆるところに見られます。人をカテゴリーに分類したほうが分かりやすいのかもしれませんが、分類されるほうは気持ちのよいものではありません。

発達障がいについても耳にする機会が増えたためか、簡単に「あの人は○○だ」と決めつけるような声を聞くようになりました。「発達障がい」には診断基準がありますし、診断は医者がすることです。また、例えばADHDと診断されても、それぞれの特性や困り感は異なります。「ADHDだから」という理由は、人を理解するための助けになることもありますが、大きく妨げることにもなりえます。安易にラベルをつけ、人をカテゴリーに分類して「あの人は○○だから」と言っている時点で、相手のあらゆる面を受け止める姿勢からはかけ離れています。

受け止める方法

ここまで受け止める姿勢について学んできました。その姿勢を覚えつつ、受け止める方法を三つ紹介します。

①話をさえぎらずに最後まで聴く

人の話をさえぎらずに最後まで聴くことで、話している人に「受け止められている」「尊重されている」という安心感を与えることができます。話の途中でさえぎられ、話題を変えられると、それ以上話す気が失せてしまうかもしれません。

例
子「今日の部活の試合で負けて悔しかった。もうやる気がでないよ」
父「勉強したら？　部活でやる気が出なくても、勉強してくれたら、それでいいよ」

この会話では、お父さんは子どもの気持ちを受け止めることなくアドバイスをしています。お父さんは話を聴いているつもりなのでしょう。しかし、子どもは話し始めたばかりなのに、話題が勉強に変えられてしまいました。まずはさえぎらずに、最後まで相手の話を聴きましょう。

②リフレクション

相手の言葉や思いを繰り返すことを「リフレクション」と言います。例えば、次の例を参考にしてください。

子ども「教室に行きたくないなぁ」
聴き手「それはつらいね。お友だちとの関係が上手くいかないの？　困ったね」
子ども「友だち？　○○くんと仲良しだよ。昨日も遊んだよ」

この短いやりとりを読んで、どのように感じますか？　聴き手は、相手の気持ちを受け止めているつもりなのでしょう。しかし、聴き手が少し先走ってしまい、「友だち関係」という話題に変えてしまいました。まずは、そのまま「教室に行きたくないと思っているのね」と相手の言葉をリフレクションし、もう少し話を聴いたほうがよいと思います。

リフレクションをしながら受け止めていくことで、子どもは自分が話したいことを自由に表現するだけではなく、言語化するまでに意識していなかった「教室に行きたくない理由」に気づけるかもしれません。聴いている人はあくまでも話している人の言葉や思いを受け止めながら「ついていく」ことが求められます。「教室に行きたくないなぁ」と聴くと、「友だち関係がうまくいかないのかな」「勉強についていけないのかな」「先生が厳しいのかな」など、話を聴いている人の頭の中で理由を想像するかもしれません。それは大切なことですが、相手が話す前にそれを口にすれば、聴き手が会話の流れを方向づけてしまいます。

まずは、相手の言葉をリフレクションしながら受け止めるように心がけましょう。そのうちに、聴き手が想像していたことを相手が話し始めるかもしれません。その時に、「勉強についていけないのね」「先生が厳しいのね」と受け止めます。「こうかな？　ああかな？」と頭の中で想像しながら聴くことは、相手の言葉を丁寧に受け止める助けになるでしょう。

③表現されていない感情の部分を聴く

話を聴く時、表に現れている感情の下には、複数の感情が隠されているかもしれません（図1）。そこに焦点を当て、受け止めることも大事なことです。

例えば、とても怒っている人がいるとします。相手の怒りに巻き込まれてしまうと、一緒に

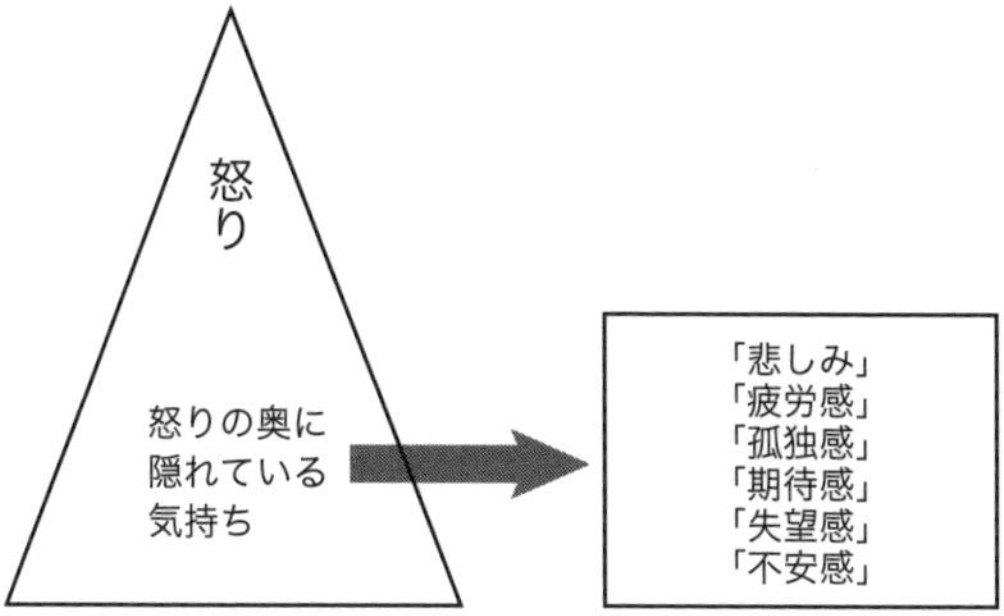

図1 怒りの奥に隠れているさまざまな感情

怒ったり、委縮したりして、話が聴けなくなることがあります。怒りは「感情の蓋《ふた》」と言われ、怒りの感情の下には、図1にあるような「悲しみ」「孤独感」「疲労感」などさまざまな感情が入り混じっているのですが、怒りが蓋をしているので本人も気づくことができません。また、聴き手も怒りの部分だけに心を向けて話を聴いていると、怒りの下にあるさまざまな感情を受け止めることができません。「なぜこの人はこんなに怒っているのだろう」と想像しながら聴きましょう。そうすることで、怒りの下にある感情に気づきますし、怒りに巻き込まれずに聴くことができます。また、話し手も怒りの下にある感情に気づき、その感情を言葉にできるようになるでしょう。

受け止めるための取り組み

受け止めたいと思いながら取り組んでも、どうしても受け止められないことがあります。その時にはどうすればよいでしょうか。次章で扱う「自己一致」と重なる部分ですが、少し整理しておきたいと思います。

①「なぜ受け止めることができないのか」を考える

人を受け止めることができない時には、自分自身の心の状態を吟味する必要があります。声の大きな人の話を聴き続けるのがつらいなど、生理的に受けつけない場合もあるでしょう。子どもの悪口や人の批判ばかりをする人の話を聴いていて、心理的に負担を感じることがあるかもしれません。なぜ、相手を受け止めることが難しいのかを考えてみると、自分自身の傾向が分かるだけでなく、対処法を考えることができます。例えば、声が大きな人には、「すみません、もう少し声のボリューム落として話していただけますか」とお願いすることができるでしょう。「なぜ相手の話を受け止めることが難しいのだろうか」を考えてみましょう。

②その問題を神さまの前に差し出す

「なぜだろう」と考え、その原因を見つけても、すぐに対処できないことがあります。そのような時には、心の中にその問題を押し込んで蓋をするのではなく、神さまの前に差し出して祈りましょう。

あるセミナーで、乳がんの女性のケースについて考えるワークの時間がありました。「乳がんの女性の気持ちを想像しましょう」とグループワークを始めた時に、「乳がんの話はしたくないので、このグループでは話題にしないでください」とグループワークを阻止されたことがあります。そのような経験は初めてでしたので驚きました。もしかしたら、家族に乳がんの方がいたのかもしれない、あるいは、その方が乳がんだったのかもしれないと想像しました。

自分自身が問題に直面している時、あるいは対処できない葛藤を心の中に抱えている時、同じような内容を聴くのはとてもつらく感じるでしょう。もちろん、聴いているのがつらいならば、聴くことを中断してもよいと思います。ただ、その思いを心の奥底に押し込み、いつまでも蓋をすることは助けにはなりません。「ないこと」にしたとしても、いつか思いもよらないかたちで言葉や行動に現れてしまうことがあります。このセミナーの女性も、乳がんのテーマに自分自身がそこまで反応するとは思っていなかったのかもしれません。人の話を聴いている時、その話題を受け止めるのが難しいと感じることがあれば、「なぜ受け止めづらいのか」を考えましょう。そして、そのままの自分を神さまの前に差し出し祈りつつ、神さまの導きと癒やしを待ち望みたいと思います。

③神さまに受け止められていることを思い出し、自らを受け止める

人の話を聴く時には、自分の中の条件に合うことだけを聴いて受け止めるというのではなく、話している人のあらゆる側面を受け止めることができるようになりたいと思います。そのためにも、まず私たちが神さまに無条件に愛され、受け止められていることを覚えておきましょう。そして、神さまに受け入れられている自分自身を受け止めることから始めたいと思います。

私たちは神さまによって受け入れられ、その愛を経験している者たちです。キリスト者を迫害していたパウロがダマスコの途上でイエスさまと出会った時、パウロは、自分自身の罪深さに打ちのめされたのではと想像します。しかし、イエスさまに愛され、ゆるされ、受け入れられたことで、パウロの心は愛の心に変えられ、イエス・キリストを宣べ伝え、神の栄光を現す使命に生きる者となりました。パウロは言います。

ですから、神の栄光のために、キリストがあなたがたを受け入れてくださったように、あなたがたも互いに受け入れ合いなさい。(ローマ15・7)

私たちは神さまに受け入れられていることを思い出し、その恵みを味わうことを通して、自分も人も受け止められる者へと変えられていくでしょう。

④主にゆだねる

受け止めたいとの思いがあっても、受け止められないことがあります。体調が優れない時、気持ちが不安定な時、時間がない時に、無理をして聴こう、受け止めようとしても難しいですし、無理をしていることが相手に伝わってしまうこともあります。そのような時には、「実は昨晩あまり眠れなくて疲れを感じているので、別の機会にお話を聴かせていただけますか」など正直に、丁寧に伝えましょう。その上で、主にゆだね、まずは自己ケアをすることをお勧めします。私たちがともにいることができなくても、主はその方とともにいてくださると信じます。

◆まとめ◆

本章では、無条件の積極的関心（受け止める）についてともに学びました。「条件をつけることなく」相手を受け止めるというのは簡単なことではないと思います。しかし、私たちは誰かに自分の存在を受け止めてほしいと願っています。ですから、聴くことを通して、人を受け止めていきたいと思います。私たちを愛し、受け入れてくださる神さまの愛が、そのための原動力です。もし、相手の話を受け止めることが難しいと感じるならば、相手の立場に立って、相手がどのように状況を理解し、その状況についてどのように感じているのかを想像してみることも助けになると思います。それが次章で学ぶ「共感的理解」です。

第6章　理解しようとする

人の話を受け止めるとは、必ずしも分かるということではないと前章で学びました。それでも、分かろうとする姿勢を持ち続けることが、相手を受け止めることにつながります。本章では、ロジャーズのカウンセラーに必要な中核三条件の二つ目である「共感的理解」について学びます。

共感的理解――相手の立場に立ち、相手の気持ちを理解する

家族で同じドラマを見ていても、異なる感想を持ちます。私たちは、それぞれ自分自身を通して感じたり、考えたりと、体験の仕方が異なるものです。誰が正しい、間違っているということではなく、一人ひとりが体験している現実です。複数の人が同じ出来事を体験しても、体験の仕方はそれぞれです。ですから、人の話を聴く時には、話している人がその出来事についてどのように感じているのか、どのように理解しているのかを、その人の立場に立ち、理解し

ようとする姿勢が求められます。そして、聴いている人が共感的に理解していると伝えることで、話している人は「聴いてもらえた」と思えるのです。これを「共感的理解」と言います。

少し具体例を挙げて説明をしていきます。次のような場面を想像してください。

Aさんが満員電車に乗って帰宅し、夫Bさんに言います。
A「今日、満員電車に乗ったの。それでね……」
B「そうか、大変だったね。疲れたね」
A「えっ、いやいやそうじゃなくて、外がとっても寒かったから、暖かくて良かったよ」

「満員電車に乗ったの」と言われたので、聴いている人は自分が満員電車に押し込まれた経験を思い出し、Aさんに「大変だったね」と答えました。とても自然な反応であると思います。でも、その日のAさんの体験は違ったようです。Aさんは「いやいやそうじゃなくて」と否定して説明を加えています。Bさんのように話の途中で「そうか」と言うと、相手の話の腰を折ってしまいます。このように、私たちは日常生活の何気ない会話の中でも、相手の話を自分の体験に照らし合わせて自分の視点で聴き、理解したと思い、口を挟みます。この場合には、B

さんはＡさんの話を最後まで聴き、「外が寒かったから、電車に人がたくさんいたから暖かく過ごせたのね」と相手の立場に立ち、相手が出来事についてどのように感じているのかを理解し、それを伝えれば、Ａさんは聴いてもらえたと思えたのではないでしょうか。

共感的理解と無条件の積極的関心

無条件の積極的関心（受け止める）とは、聴き手の評価基準に合うことだけを聴くのではなく、相手のあらゆる面を受け止めるということでした。共感的理解とは、話している人がある出来事をどのように経験しているのか、どのように感じているのかを、その人の立場に立って共感的に聴き、理解することです。聴き手の評価基準にあてはまる話だけを受け止めるならば、その人は話し手の立場には立っていませんから、条件つきの理解しかできません。共感的理解は、無条件に相手を受け止めるためにも必要な姿勢なのです。

共感的理解をするために

共感的理解をするためには、日々の生活の中で意識しながら人の話を聴く必要があります。取り組むための必要な点をまとめてみたいと思います。

①枠組みが異なるという前提を意識する

人はそれぞれ考え方の枠組みを持っています。その枠組みは、個人の価値観や意見、信念、教育などでつくられ、その人の受け止め方や意味づけの仕方に影響を与えると言われています。人それぞれの枠組みが異なることを覚えておく必要があります。そうでなければ、自分の枠組みに相手の話をあてはめて理解したり、意味づけをしたりすることで、人間関係のトラブルにつながりかねません。

小学校での出来事です。玄関のあたりから大声で泣き叫ぶ声が聞こえてきました。相談室にいた私が急いで玄関に行くと、男の子が泣き叫びながら六年生の靴を靴箱から出して投げ散らしているのです。「どうしたの？」と聞いても、靴が飛んでくるだけなので、しばらく安全を確認しながらその子が落ち着くのを待っていました。そして話を聴くと「六年生がぼくをばかにして笑った」と言うのです。そこで、近くにいた六年生の子たちを呼んで話を聴いてみました。すると、彼らはとても驚いた様子で、確かに笑っていたけれど、ゲームの話で盛り上がっていただけで、その子がいることにも気づかなかったというのです。泣いていた子にその話をしても、「うそだ、そんなはずはない」と納得してもらえませんでした。談笑しているお兄さんたちを見て、「ぼくのことを笑っている」と理解し、意味づけることで、周りの人の声を聴くことができなくなったのでしょう。

このように私たちは、自然と自分の枠組みに相手の話をあてはめて理解し、意味づけてしまいます。中学生のカウンセリングをしていると、枠組みの違いを痛感させられます。例えば、不登校の子どもたちは、それぞれ「不登校」に対する考え方が異なります。学校に行けないことに罪悪感を持つ子もいれば、学校が存在すること自体が悪いと開き直る子もいます。私の枠組みでは、学校に行けないことに罪悪感を持つ子のほうが理解しやすく、開き直る子のことは理解できませんでした。それだけではなく、開き直る子は少しばかりの罪悪感を持つほうがよいと思っていた時期があります。つまり、私の枠組みに相手をあてはめ、相手を変えようとしていたのです。ある時、「違いは間違いではない」という言葉を教えられてから、少しずつ違いを尊重できるようになってきました。そして、人の話を聴きながら、その人の枠組みを理解しようと努めるようになりました。枠組みの違いを意識しないと、相手を自分の枠に押し込めようとします。そのようなことをしても、お互いの信頼関係は構築できませんし、心を開いて話す関係にはなれません。

②「自分が」だけではなく、「相手が」どのように経験しているのかを想像する

人の話を聴く時、自分の経験や考えを参照しながら理解しようとするのは自然なことです。でも、それだけでは、自分視点での理解しかできません。同じようなことを経験していると、つい「相手もこう思っているに違いない」と先読みしたり、思い込んだりすることがあります。自分の思いと相手の思いを分け、相手の立場に立って、相手がどのように思っているのかを想像しながら聴く必要があります。これを習得するためには、実践の中で意識しながら練習していく必要があります。

カウンセリングでは、さまざまな相談を受けます。自然と相手の立場に立って想像できることもあれば、難しいと感じることもあります。例えば、相談者が経験していることと似たようなことを自分も経験している時、自分の経験に引き寄せて相手を理解しようとすることがあります。

ある日、中学生が「おなかが痛い」と相談に来ました。病院に行っても原因が分からず、精神的なものと言われたというのです。実は私もその頃、胃の痛みに悩まされていました。普段はそんなことはしないのですが、つい「実は私もおなかが痛くて悩んでいる」と話し、「おなかが痛いのってつらいよね」と言いました。すると、その中学生からは「いや、つらくない。

学校を休む口実になるから」と返ってきました。話を聴いていくうちに、教室で居場所がないと感じていること、勉強が苦手でよく分からないから教室にいることがつらいと感じていることを話してくれました。その子の立場に立ち、その子が経験していることを想像すると分かってきました。学校に来ることは、おなかが痛いつらさとは比べものにならない、おなかが痛ければ周りは納得して休ませてくれる、本当に痛いので嘘をつかなくてすむのです。ですからおなかが痛いことは本人にとってはつらいことではありませんでした。自分の経験をもとに、自分視点で聴いている時には理解できないことでした。

相手の立場に立つことが難しいと感じる時は、ほかにもあります。例えば、自分の正義感や「べき」思考が強くなる時です。子どもを虐待しても開き直るような発言をされる、家庭内暴力をしている人から「相手が悪い」と自分の正しさを主張される時など、なかなか相手の立場に立って話を聴くことが難しいと感じます。しかし、本来はこのような時こそ相手の立場に立って、想像しながら相手の思いを聴く必要があるのだと思います。叩いたり、蹴ったりという暴力に訴えることしかできない状態にまで追い込まれているのには、それなりの理由があるからです。

相手の立場に立つことができる場合と、できにくい場合があります。相手と全く同じ思いや考えを抱くことはできないことを理解した上で、相手の思いや考えに近づけるように意識して取り組みたいと思います。自分自身の傾向性を知り、難しいと感じる場面や相手の時には特にそうです。こうして共感的理解を習得していくことができるようになります。

③人の話をすぐに評価しない。評価しながら人の話を聴かない

人の話を聴く時に、十分に聴く前に評価してしまうと、共感的理解は難しくなると思います。早い段階で分かったつもりになり、決めつけています。また、自分の価値観や基準を押し付けていることにもなります。先に書きましたが、自分の「べき」を主張することで、相手の話を評価するだけではなく、否定することにもつながります。

例えば、お母さんからの相談で、子どもに気になることがあると一時間でも二時間でも叱ってしまう話、一方的にまくしたてる話などを聴いていると、「中学生の男の子がそれをされたら関係が悪くなるなぁ」と思います。でも、叱られている中学生の立場に立って気持ちを想像するだけでは不十分です。お母さんの立場に立ち、お母さんが置かれている状況を想像しながら話を聴く必要があります。例えば、夫が単身赴任でお母さんが疲れ切ってしまっている、子どもがたくさんいるために手が回らないなど、聴くことなしには分からなかった事情がそこにはあります。そして、「お母さん、疲れがたまりますよね。自分の時間もとれないでしょうね」など共感的に理解した内容を相手に伝えます。一緒に同じ景色を見ることで、「じゃあどうしましょうか」と解決方法をともに考える体制が整うのです。もし、私がお母さんの話を聴かずに、子どもへの対応に×印をつけ「そんな言い方をすべきではない」と言うとします。お母さんは「そんなことは分かっています。でも、どうしたらいいか分からないから相談に来たのです」と言いたくなることでしょう。まずは相手の話を聴き、相手の立場に立って共感的に理解をすることは、ともに問題に取り組むチームの一員になるためにも不可欠であると考えています。

「評価」という時に、マイナスの評価だけと思われるかもしれませんが、プラスの評価も助けにはならない場合があります。クリスチャン対象の傾聴セミナーで、小グループでの分かち合いを観察していました。グループ内には、牧師も信徒もいます。ある時、信徒の一人が、家族の中でお互いの話を聴くのが難しいと感じたエピソードを話し始めました。するとすかさず、そこにいた牧師が言いました。「家族の中で話を聴こうと取り組もうとしているのはいいことよね。」聴いていた他の人たちも、「いいよね」という評価にうなずき、その方の話を聴くことなく会話が終わりました。私はセミナーが終わってから、その人に「家族の中でお互いの話を聴くのは難しいと感じますか？　ちょっとグループの話が聴こえたのですが」と聞いてみました。すると、そのグループで話したかったことを教えてくれただけではなく、「なんでもかんでも『いいよね』って、クリスチャンにありがちですよね。別にいいか悪いかは聞いてないんだけど」と話してくれました。良い評価をすれば相手の話を受け止めたことになるわけではありません。

また、話を聴こうとしない人に評価されると、上から見下ろされているような複雑な思いになることもあります。まずは、その人の立場に立って想像しながら共感的に理解し、「私はこのように理解しましたが、どうですか」と相手に伝えながら、相手の話を丁寧に聴いていく姿勢を身につけていきたいと思います。

◆まとめ◆

私はカウンセリングをする時、「共感的に理解できているだろうか」との問いを常に自分自身に向けています。実際は、カウンセリングの時だけではなく、教会で人の話を聴く時、学校で教員の話を聴く時、家庭で家族の話を聴く時など、日常生活の中でも「相手の立場に立って、共感的に理解する」ように心がけています。どうしても自己中心な者ですから、意識していないと知らず知らずのうちに自分の枠組みに人の話をあてはめ、分かったつもりになり、決めつけてしまい、相手に痛みを与えてしまうことになります。

スクールカウンセラーとして十年以上が経過しましたが、失敗の連続です。ある年の六月のことです。入学したばかりの中学一年生が教室になかなか入れないということで、相談室に通っていました。少しずつ信頼関係も築かれ、冗談を言い、笑いながら話していた時のことです。「夏休みには部活に行きたいから、とりあえずあいさつだけはしておきたい」と言うので、私は「あいさつなんかすぐ終わるよ。行ってくればいいじゃない」と答えました。すると、その子の表情が硬くなりました。「なんでそんなこと言うの？　先生にとっては簡単なことかもしれないけど、私にとっては、あいさつに行くのが大変なことが分からないの？」私は自分の枠組みに相手の話をあてはめただけで、相手の立場に立ち、相手が「あいさつをする」ということについてどのように感じているのかを理解しようとはしていませんでした。すぐに謝りました。そして、それから一か月の間、部活に行き、あいさつをする様子をシミュレーションしながら練習をし、その子は無事にあいさつに行くことができました。この件では、その子との信頼関係が崩れることはありませんでしたが、私はがっくり落ち込みました。共感的理解の大切さを学び続けているのに実践することができなかった、そして軽はずみにものを言い、相手に痛みを与えてしまったことが悔やまれました。

相手の立場に立ち、相手が置かれている状況を理解し、どのように感じているのかを丁寧に聴きながら、共感的に理解すること、そして、「私はこんなふうに理解していますよ」と相手に伝えていくことを身に付けていきたいと思います。

第7章　自分の心に正直である

聴く人にとっての必要な姿勢として、無条件の積極的関心（受け止める）と共感的理解を学びました。相手の立場に立って、共感的に理解することで相手を受け止めることができるようになるでしょう。同時に、相手を受け止めようとすることは共感的に理解する姿勢につながります。このように共感的理解と受容は切り離すことができませんが、さらに、もう一つ必要な姿勢があります。それが「自己一致」です。

自己一致とは

人の話を聴いている時、楽しい、少しイライラする、つらくなるなど、さまざまな気持ちになります。聴く人と話す人との間には人格的な触れ合いがありますので、双方に思いが生じます。話す人と聴く人との関係において、聴いている人が自分自身の心の中に生じる思いに気づき、受け止めること、つまり、その関係において自分自身であろうとすることを「自己一致」

と言います。例えば、人の話を聴いているとき、「心が痛むなぁ」という思いが浮かんでくるとします。そんな思いを持つべきではないと否定したり、打ち消したりする（不一致）のではなく、自分自身の中でそのように感じているということに気づき、「心が痛んでいるな」と自分の思いを受け止めること（自己一致）です。

ロジャーズは、適切ならば聴いている時に自分が感じる思いを「相手に伝える」ことも必要であると言います。いつでも自由に感じていることを伝えればよいというのではありません。適切な時に、適切な表現を使う工夫が求められます。伝える時には、「私は〜と思います」とアイ（I）メッセージを使うのも一案です。

なぜ自己一致が必要なのか

①信頼関係を築くため

人は信頼している相手に心を開きます。ですから、カウンセリングではまず「ラポール＝相互の信頼関係」を構築することに心を向けます。ロジャーズは、信頼関係を構築するためには自己一致が必要であるとして次のように説明します。

私の経験からは、例えば一貫して受容的に振る舞おうとしても、私自身が実際に不愉快に感じたり、懐疑的になったり、あるいは、その他の受容的でない感情を感じていた場合、長い間にはいずれ必ず、相手に、この人は一貫していないとか信頼できないと感知されることを痛感してきた。（中略）「自己一致」とは、私が体験している感情や態度がどのようなものであっても、その態度に自分が気づくことawarenessによって、それと矛盾しないでいられるという意味である。[13]

相手を受け止めるとは、受け止めるふりをすることではありません。心から相手を受け止めることです。もし何らかの理由で受け止められない時に、いくら相手を受け止めるふりをしても、それはいつか相手に感じ取られてしまいます。

子どもたちは敏感です。「A先生は笑っているけど、私たちのことはどうでもいいって思っているよ」「B先生は口だけ」「お母さんは優しいことを言っても目がいつも怒っている」など痛烈な批判を耳にします。私の姿はこの子たちにはどのように映っているのだろうと心配にもなります。自分の心に正直である必要があるし、その心が子どもたちへの愛や思いやりの心に変えられていかなければ子どもたちのカウンセラーは務まらないと教えられます。ロジャーズは続けてこのように述べています。

私の人間関係では、私が本当の自分自身でないように振る舞うならば、結局それは、援助にはならないことに気づいた。実際は腹を立て、批判的なのに、静かに楽しそうにするのは、援助的でない。回答を知らないのに、知っているふりをするのは、援助にならない。その瞬間に敵意を感じているのに、愛しているようにするのも援助にならない。（中略）ここで述べたことを言い換えれば、私と他人との人間関係では、仮面をつけていようと努力すること、つまり表面上はある行動をとりながら、心の底では全く別のことを感じているときは、私は援助的でも効果的でもないことに気づいている。(14)

私たちが感じている気持ちは、言葉よりも速いスピードで相手に伝わってしまいます。どんなに「いいですね。素晴らしいですね」と言っても、心からそう思っていないならば、それは相手に伝わってしまうことでしょう。「あの人は口ではいつも良いことを言うけれど、信頼できない」と思われてしまうかもしれません。信頼関係を築くためにも、自分の心に真実であること、正直であることに、意識して取り組んでいきたいと思います。

②話している人が自分の思いに気づくため

話を聴いている人が自分の心の思いに気づき、意識すること、そして「適切ならば」その思いを伝えることは、話している人がその人自身の心の思いに気づく機会になることがあります。これを「体験に開かれる」と表現します。このように聴き手の中での自己一致は、話している人の助けになるのです。一貫して「どうすれば私は援助的でありうるか（How can I be of help?）」との問いに取り組み続けたロジャーズは次のように言います。

すなわち、私が自分自身との間に援助的な関係を形成することができるならば――自分自身の感情に感受性豊かに気づくことができて、それを受容することができるならば――私は他者に対しても援助的関係をつくることができる可能性が高まるということである。（中略）それは、私との関係において他者の成長を促進しようとするのならば、私が成長しなければならないということを意味している。(15)

聴き手が自分自身の感情に感受性豊かに気づき、それを受け止める時、その姿勢は話している人に伝わります。そうすることで、話している人もまた自分自身の感情に気づき、それを受け止めることができるようになるとロジャーズは考えたのです。

子育てに悩むお母さんの話を聴いていた時のことです。長男のことを「牛」、次男のことを「いのしし」と呼び、いかに彼らがダメな息子たちであるかを延々と話します。「牛がなんにも手伝わない。ごはんを食べたらすぐ寝る。いのししは、なんにも考えないで衝動的に牛にぶつかっていくんです。だからいつも喧嘩《けんか》になる。どうしようもないんです」と。お母さんが子育てで悩んでいること、息子たちに手を焼いていることには共感しますし、お母さんの思いを受け止めたいと（忍耐しつつ）話を聴いていました。しかし、どうやら家庭で子どもたちに対しても「牛」「いのしし」と声を荒げることがあるようでした。そして、子どもたちの自尊心が低く、学校では自分よりも弱い者に対して強い態度で接する様子も見えてきました。お母さんにも子どもたちへの対応の仕方を変えてもらう必要がありましたので、カウンセリングの中で私自身が感じている気持ちをそのまま伝えてみました。「お母さん、私、お母さんが子どもたちのことを名前で呼ばないで、『牛』『いのしし』と言うのを聴いていると、心が痛くなるんです。もしそんなふうにお母さんに呼ばれたら、子どもたちはどんな気持ちになるのかな」とふんわり投げかけました。すると、お母さんはふと我に返ったような様子を見せ、涙を浮かべ、「そうですよね。良くないのは分かっているんですよ。でも、イライラが抑えられなくて、どうしようもないんです」と話してくれました。その時から、カウンセリングのテーマが変わり、お母さんがどうしたらイライラを抑えられるのか、また今の状況にどのように対処していくのかの作戦会議になりました。

このお母さんは、カウンセリングに来る前から子どもたちに対する言動を変えなくてはと思い、暴言を吐き続けている自分にも嫌気が差していたようです。「子どもたちの態度が私にそうさせる」と被害的に状況を理解することで、ますます子どもたちへの暴言がエスカレートしていたことにも気づきが与えられてきました。「まず私が変わらなくてはいけないのですね」と、子どもたちへの伝え方を変えたり、子どもたちへの要求の基準を下げたりと工夫していきました。自分自身の心の内面に意識を向け、見ないようにしていた部分に目を向けて、自分自身の中にある思いを受け止めることで、物の見方や考え方が変わることがあります。話している人が体験に開かれていくためには、聴いている人も自分の思いに気づき、意識し、受け止めていくこと、そして、適切な時に、適切な表現で伝えることです。そうすることで、聴き手にも、話し手にも変化が生じます。それは互いに癒やされ、癒やす者となるということです。

癒やされ、癒やす者となるために

ヘンリ・ナウエンは『傷ついた癒《いや》し人』の中で、牧師を「傷ついた癒し人」と呼びます。「傷ついた癒し人」とは、「自分自身の傷の手当をせねばならないと同時に、他の人びとの傷を癒す備えをしていなければならない」(16)というのです。牧師に限らず、人を支援しようとする人は「傷ついた癒し人」です。彼らは、他の人の傷には敏感に気づくのに、自分の傷や痛みにはなかなか気づかないことがあるように思います。「私は大丈夫」と自分のことを後回しにするうちに、手の施しようのない状態になる可能性もあります。一方、自分の傷が完全に癒えるまで、人のためには何もしないということもできません。自分自身の傷や痛みにも目を向け、自分が傷ついていることを認め、主による癒やしを経験しながら、誰かの傷の癒やしのために主に仕えていきます。

神よ　私を探り　私の心を知ってください。
私を調べ　私の思い煩いを知ってください。
私のうちに　傷のついた道があるかないかを見て
私をとこしえの道に導いてください。（詩篇139・23〜24）

ダビデは、創造主なる神さまがすべて見抜いておられることを知っていました。すべてお見通しである神さまに隠すことなどできませんし、隠す必要はありません。むしろ、神さまから、心の中に傷のついた道があれば教えていただき、「とこしえの道」、つまり神さまとともに生きる道に導いてくださいと祈ります。

ナウエンは次のように言います。

自己自身の中心に入り込むことを恐れず、自分の魂の動きに専念することができるとき、生きることは愛されていることであると、知るようになる。私たちは愛によって生み出されているからこそ、愛することができるのであり、私たちの生命が賜物であるからこそ、他者に与えることができるのであり、私たちの心よりも遥かに大きな心を持つお方によって自由にされているからこそ、他者を自由にすることができるのだと、この経験は告げている。私たち自身の中心に生命のための錨《いかり》を下ろす場所を見出した時、私たちは自由になって、他者が彼らのために作られた場所に入ってきて、彼らの踊りを踊り、彼らの歌を歌い、彼らの言葉を恐れることなく語ることを認めることができるのである。その時、私たちがそこにいることは、もはや脅迫や強要ではなく、招きと解放なのである。(17)

人を「もてなす」ためには、もてなす側も「自分自身であること」が大切であると学びました。仮面をかぶり、傷を見ないようにすることでなんとかその場を取り繕うことは、「自分であること」ではありません。いつか心の中にあるものが表面化し、自分でも驚くような言動をしてしまうかもしれません。また、いつも仮面をかぶり、なにかを演じ続けることで心は疲弊していきます。そこに自由がないからです。むしろ、仮面を外し、傷んでいる自分を認め、そのような自分でも神さまに無条件に愛されていることを深く知ることによって、安心して自分自身でいられるのだと思います。「これはわたしの愛する子。わたしはこれを喜ぶ」（マタイ3・17）という声を聞き、神さまの愛にしっかりと根ざしている時、主にある自由を経験します。それによって自分らしくあることができ、人をもてなすことができるようになるでしょう。

◆まとめ◆

本章では、聴く人にとっての「自己一致」を学びました。人の話を聴いている時に心に浮かぶ思いに気づき、意識し、受け止めていく姿勢は、話している人との信頼関係を築くためにも、手を差し伸べたいと願う人に心から手を差し伸べることができるようになるためにも不可欠です。自分自身の心に正直であり続けること、そして主の前に自分自身を差し出し、祈り、主の愛を知り続けることによって、「神のかたち」へと変えられていくことでしょう。

しかし、人が主に立ち返るなら、いつでもその覆いは除かれます。主は御霊です。そして、主の御霊がおられるところには自由があります。私たちはみな、覆いを取り除かれた顔に、鏡のように主の栄光を映しつつ、栄光から栄光へと、主と同じかたちに姿を変えられていきます。これはまさに、御霊なる主の働きによるのです。（Ⅱコリント3・16～18）

第2部　まとめ

第2部は、ともにいる神さまに愛されているキリスト者が、人とともにいるために、そして、その人の話を聴くために、アメリカの心理学者カール・ロジャーズが提示するカウンセラーの中核三条件を参考にしながら学びました。この三条件はカウンセラーに必要な姿勢として提示されていますが、カウンセラーだけではなく、人の話を聴こうとする者が普段から意識して身に付けていく必要があります。ともにいたい、聴きたいと願いながら学び、取り組もうとする人の存在（プレゼンス）自体が尊いと思います。神さまの愛を、人の話を聴くということを通して周りの方々に伝えていきたいと願います。それは、聖霊が内に住んでくださっているキリスト者に与えられている使命であり、恵みです。

第3部

グリーフの中にある人とともにいる

第2部では、人の話を聴く時に必要な姿勢について学びました。グリーフケアは聴くことから始まりますから、これまでの学びをグリーフの中にある人の話を聴くために活かしたいと思います。第3部では、聴くという視点から、改めて「キリストの愛に基づくグリーフケア」を振り返り、三つの視点からまとめます。ともにいる（第8章）、ともに歩く（第9章）、ともに嘆く（第10章）です。

まず、聴くというのは「ともにいる」ことです。グリーフの中にある人とともにいて、何を、どのように喪失したのか、どのようなグリーフ反応が生じているのか、まずグリーフの中にある人の思いに耳を傾けたいと思います。

次に、喪失後のプロセスを「ともに歩む」ことに目を向けたいと思います。喪失後のプロセスにはさまざまな理論がありますが、本書では、ストーリーの書き換え・語りなおしを扱います。ルカの福音書24章のエマオ途上の弟子たちとともに歩んでくださったイエスさまがそのモデルです。

最後に、グリーフケアをする時に直面するスピリチュアルペインについて学びます。「なぜこのようなことが起きるのか」との問いは、グリーフの中にある人のたましいの叫びです。その叫びを受け止め、「ともに嘆きたい」と思います。

第8章　ともにいる

グリーフとは喪失体験によって生じるさまざまな反応のことです。人は生きていく時、さまざまなものを喪失しますが、一つ一つの喪失を数えながら生きているわけではありません。また、すべての喪失がグリーフケアを必要とするわけでもありません。同じようなものを喪失しても、グリーフケアを必要とする人としない人がいます。また、私たちの身近に喪失を経験している人がいたとしても、近づいてケアをしたほうがよいのか、そっとしておいたほうがよいのか、迷うことは少なくありません。どのような場合に、どのようなケアが必要なのかについてのマニュアルがあるわけではないので悩みます。神さまに祈り、グリーフの中にある人に近づくようにと導かれるならば、まずは聴くことから始めたいと思います。本章では、グリーフの中にある人に聴く時、何を、どのように聴くのか、『キリストの愛に基づくグリーフケア』の内容を振り返りながら整理していきましょう。

喪失対象について聴く

グリーフの中にある人が何を喪失したのか、喪失したものがその人にとってどのような意味があった／あるのかという視点を持ちながら話を聴きます。その喪失に関連して生じているかもしれない目に見える喪失・目に見えない喪失にも想像力を働かせながら耳を傾けます。本人もまだ気づいていない喪失によって心を痛めている可能性があるからです。何を喪失したのか、どのように喪失したのか、それぞれの喪失にどのような意味があるのか、聴いていきましょう（表1参照）。

例えば、転居をする場合、多くの変化の中を通ります。転居先で新しい友人ができるかもしれませんが、転居前の友人たちと当たり前に過ごす関係性を失います。子どもは、いつもの通学路、いつもの先生など、それまでの日常が変わります。大人も同じように、新しい場所に慣れるために適応しようとしますが、上手くいかないこともあり、気持ちが落ち込むことがあります。転居に伴ってさまざまな喪失を経験していても、一つ一つの喪失を確認し、その喪失の意味を吟味するようなことはしません。転居先でなんとなく気持ちが落ち込む、楽しめない、集中力が続かないなどと体は反応しても、なぜ自分がそうなっているのかには気づけないことがあります。「引っ越しぐらいで大したことはない。すぐに慣れる」と乗り越えようとします。

物理的喪失	人物の喪失	死別、離別、友人との不和など
	所有物の喪失	大切な物の紛失や損壊、能力、地位、思い出の品、家財など
	環境の喪失	故郷、住み慣れた自宅、職場、行きつけの場所、心休まるコミュニティなど
	身体の一部の喪失	失明、失聴、脱毛、身体機能の低下など
心理・社会的喪失	自己に関わる喪失	信頼、人生の目標、自己イメージ、地位、役割、安全、日常など

表１　喪失の分類

一年が経ち、二年が経ち、なかなか調子が上がらず、食欲が出ない、睡眠がとれないなどの症状が続き、抑うつ状態にあることに気づきます。時間が解決しない場合もあるということです。一言で「転居」と言っても、それに伴う喪失体験とその意味が人によって異なるわけですから、転居による影響もさまざまです。

まずは、転居がその人にとってどのような体験だったのかを話してもらうために、何を、どのように喪失し、それがどのような影響を与えているのか、どのようなグリーフ反応が生じているのかを聴き、受け止めます。話すことによって、本人が自身のグリーフに気づくことができるかもしれません。グリーフに気づいてもすぐにその状況が変わるわけではありません。しかし、その現実を受け止めつつ喪失体験を整理することは、その人の助けになります。

「何を」喪失したのかだけではなく、「どのように」喪失したのかという視点を持ちながら聴くことも必要です。自ら手放したのか、あるいは、突然奪われたのかなど、喪失の仕方がその後のグリーフ反応に影響するからです。先ほどの転居の場合でも、転居の理由によってその体験の仕方は変わります。新築した場合、失業の場合、離婚の場合、進学の場合など、それぞれで失うもの、失い方、そしてその時の気持ちや意味づけが異なります。例えば、家を新築したから転居する場合には、新築前の家は自らの意志で「手放す」わけですが、離婚して転居せざるをえない状況に置かれる場合には、住まいを「奪われる」経験であるかもしれません。同じ喪失でも、手放す経験と、奪われる経験では大きな違いがあります。話を聴く時には、「何を」「どのように」喪失したのかという視点を持ちながら話を聴くとよいでしょう。

グリーフ反応を聴く

喪失後にはさまざまな反応が生じます。グリーフケアにおいては、喪失対象について聴くだけではなく、喪失によってどのような反応が生じているのかという視点を持ちながら聴きます。グリーフ反応には、情緒的・心理的反応、認知的反応、生理的・身体的反応、スピリチュアルな反応などがあります（表2）。グリーフの中にある人から語られる内容にこれらの反応が現れることがありますが、言葉で表現されなくても、表情や行動に現れることもあります。ですから、耳で聴くだけではなく、目でも相手を観察しながら、グリーフ反応に気づいて受け止めていきたいと思います。それによって必要なケアにつなげることができるかもしれません。

グリーフ反応は、死別以外の喪失の場合にも生じますが、ここでは、死別による喪失後のグリーフ反応をどのように聴いていくのかについて整理します。

①情緒的反応を聴く

喪失後の情緒的な反応は、言葉だけではなく、行動を通して表現されることがあり

心理的・情緒的反応	悲しみ、怒り、罪責感と自責感、不安、孤独感、消耗感、無力感、孤立無援感、ショック、思慕、解放感、安堵感、感情の麻痺
認知的反応	死を信じられない、混乱、故人へのとらわれ、幻覚、故人がいる感覚、記憶力・集中力の低下
行動的反応	うわの空、故人の夢を見る、故人の思い出を回避する／抱きしめる、探索行動、多動、涙を流す
生理的・身体的反応	入眠困難や早朝覚醒などの睡眠の問題、食欲の問題、エネルギーの低下、故人の症状に類似した身体愁訴、免疫機能や内分泌機能の変化、音への過敏さ、胸の締めつけ、喉のつかえ
スピリチュアル反応	生きている意味が分からない、生きがいを失う、虚無感

表2　グリーフ反応

ます。不安、抑うつ、怒り、罪悪感・自責感、無快感（楽しみの喪失）、無感覚、安堵感・解放感など、さまざまな反応が含まれますが、遺族の立場に立ち、共感しながら受け止めていきたいと思います。

悲しみ――悲しい気持ちは、「悲しいです」という言葉だけではなく、涙を流す、黙り込む、忙しくするなど、さまざまな形で表現されます。それぞれの表現の仕方を尊重しつつ、受け止めていきましょう。

怒り――怒りも喪失後によく生じる感情です。怒りの対象は、医療従事者、家族、自分自身、また故人など、どこで、どのように亡くなったのかによってもさまざまです。怒りの感情は、聴いていると巻き込まれていく場合があります。例えば、「なぜ私を一人残して死んだのか」と怒りが故人に向けられている時には、「そんなこと言うもんじゃない」と言いたくなるかもしれません。しかし、遺族はその怒りが理不尽であると分かっていても、心の中にある孤独感や悲しみなど、行き場のない思いに苦しんでいることがあります。怒りの下にある複雑に絡み合った思いを聴き、受け止めることから始めましょう。遺族の立場に立ち、その思いを想像しながら聴くことを心がけましょう。

罪悪感・自責感――「もっとこうすればよかった」「あんなことを言わなければよかっ

た」と自分を責め続ける場合があります。周りの人がいくら「そんなことないよ」「気にしなくていいよ」となだめても、その思いは消えません。罪悪感や自責感が強い方の話を聴く時には、「例えばどのようなことをしてあげたかったですか」と問いかけて話してもらうことがあります。今振り返ればやってあげたかったと思うことでも、当時はそれができない事情があったことを確認できたり、「自分としてはできることはやった」と思えるようになったりすることもあります。また、十分なことができなかったとしても自分自身をゆるす必要があります。しかし、それにはとても長い時間がかかるかもしれません。その過程においては同じことが繰り返し語られることもあります。過去は変えられませんが、話をすることで少しずつ自分を受け入れる助けになる場合があります。何度でもその方の話に耳を傾けたいと思います。

安堵感・解放感 ―― 死別後に安堵感や解放感を持つ場合もありますが、「そんな感情は持つべきではない」と、人前では表現しづらいと感じる遺族は少なくありません。感情に良い感情も、悪い感情もありません。安堵感や解放感を感じる理由があるのです。例えば、故人との関係の中で苦しい思いをしてきたのでほっとしているのかもしれません。長い介護で疲れ切っていたのかもしれません。その思いを誰かに受け止めてもらうことで、心の中に湧き上がる感情をそのまま感じることができるようになります。「このような思いを持ってはいけない」と自分を否定するのではなく、そのような思いを持つ自分を受け止められるようになります。どのような感情であっても、自然と生じる感情を無理に押し込む必要はありません。

聴く人は、死別後にはさまざまな情緒的反応が生じるのは自然なことであり、どのような感情も感じてよいものであることを覚えながら聴いていきたいと思います。遺族の立場に立って聴いていくならば、さまざまな情緒的反応を受け止めることができるでしょう。それによって、遺族が自分の心の中にある感情を感じ取り、自分自身を受け止めることができるようになるでしょう。

②認知的反応を聴く

死別後には、自尊心の低下、否認、非現実感、故人がいるという感覚、記憶力・集中力の低下などの認知的反応が生じます。このような体験をすると、自分がおかしくなったのではないかと不安になる人もいますが、どれも正常な反応です。

否認――「そんなことがあるはずがない、何かの間違いに違いない」と、死を受け入れるのに時間がかかる場合があります。事故などで突然亡くなった場合には、そのような気持ちが強くなると言われています。周りからすれば死の現実を受け入れてほしいと説得したくなるかもしれません。しかし説得されたからといって、受け入れられるわけではありません。死を受け入れたくても受け入れられずにもがいている場合もあります。頭では分かっているけれど心がついていかない場合もあります。そのままの思いを受け止めたいと思います。

記憶力・集中力の低下——死別後、しばらくの間は頭の中が混乱する場合があります。記憶力や集中力が低下するのは珍しいことではありません。加えて、葬儀の準備や役所の手続きなど、やらなくてはならないことがありますから、疲れも生じます。子どもたちは学校に行っても勉強が手につかないことがあります。このような状態で無理をすると、ほかにもさまざまな症状が出てしまいます。遺族が休むことができるために私たちに何ができるでしょうか。食事を用意したり、子どもの世話をしたりなど、具体的に休める環境づくりをしたいと思います。勉強が手につかない子どもには、無理をさせず学校を休ませてあげるのも一案です。スクールカウンセラーとして、これまでも家族と死別後に登校した際、教室でも集中できない、周りの音にストレスを感じる、友だちと一緒にうまく笑えない、疲れると訴える子どもたちと過ごしてきました。とりあえず授業にだけは出席し、相談室で休み時間を過ごしたり給食を食べたりするなど、本人が無理をしないですむような環境を整えました。

このように具体的な支援をする時にも、遺族の思いを聴き、相談しながら行うことが必要です。そっとしておいてほしいと思う人もいます。人と一緒にいたほうが安心する人もいます。人それぞれです。まずは丁寧に話を聴き、その人にとって安心して過ごせる方法をともに考えたいと思います。

③行動的反応を聴く

動揺や緊張、疲労、過活動、探索行動、泣き叫ぶなどの行動的反応が生じることがあります。一時的に心の安定を保つための助けになる行動もありますが、健康を害する可能性がある場合には別の方法に変える提案も必要になるかもしれません。

過活動――死別によって生じるグリーフを忘れるため、気持ちを紛らわすために過活動になる場合があります。仕事に没頭する、休まず動き回る、飲み歩くなど、さまざまな形で現れます。このように動き回ることで心の安定を保とうとしているのかもしれませんが、別の問題を生じさせることもあります。例えば、夫婦が子どもと死別した場合、夫は仕事に没頭することで自分を保とうとしますが、妻は夫の行動を「悲しんでいない」と誤解し、夫婦間の葛藤の原因となる場合があります。また、飲酒量が増大し、体を壊してしまうこともあります。過活動になっているのには理由がありますので、丁寧に話を聴き、受け止めつつも、何か問題が生じている可能性があるならば、別の方法を一緒に考える工夫が必要です。

故人を思い出す場所の回避――グリーフの感情を呼び起こすものや場所を避けようとします。思い出をすべて片づけて転居する人や、墓地に行くことを避ける人もいます。亡くなったことは頭では理解できても、心で受け止めることが難しいのかもしれません。亡くなった現実と向き合うのがつらいので、直面しなくてもよい環境をつくっているのかもしれません。グリーフケアをする人は、それぞれのグリーフへの対処の仕方を受け止めたいと思います。

④生理的・身体的反応を聴く

食欲不振、睡眠障害、故人の症状に類似した身体愁訴、免疫機能や内分泌機能の低下、病気にかかりやすくなるなど、大切な人の死が遺族の心身の健康に深刻な影響を及ぼす場合があります。

故人の症状に類似した身体愁訴――心疾患で亡くなった場合に遺族が心臓の痛みを訴える、腰痛持ちの方が亡くなられた場合に遺族が腰の痛みを感じ始める、などさまざまです。「故人のことばかり考えているからだと思うので、気のせいだと思うのですが」と言う人もいますし、故人と同じ症状を感じることで自分も重篤な病にかかったのではないかと不安に思う人もいます。

食欲不振、睡眠障害、肩こり、便秘や下痢、動機、めまいやふらつきなどさまざまな身体症状が出る場合があります。心理的な影響が身体に出ているだけではなく、日常とは異なるペースで人に会ったり、手続きのために走り回ったりすることで疲れが蓄積しているのかもしれません。休むことで改善する場合もありますが、必要ならば医療につなげることも視野に入れつつ話を聴くとよいでしょう。

記念日反応を聴く

故人の命日、誕生日などの記念日の前後にはグリーフが大きくなり、急激に落ち込んでしまうことがあります。記念日反応が生じるかもしれないということを知っておくだけでも心の準備ができますし、実際に気持ちの落ち込みに気づくことができます。グリーフケアをする人は、遺族に記念日反応について伝えるだけではなく、その日の少し前に連絡をして、記念日をどのように過ごすつもりなのか、話題にするのもよいでしょう。

カウンセリングの際、私は記念日反応について早い段階からお伝えします。そして、「記念日が近づいたら会いに来てください」とお願いするようにしています。そうすることで、遺族も自分の心の状態を観察し、変化に気づくことができます。そして相談室に来られた時には、話を聴くだけではなく、どのように記念日を過ごすか一緒に考えます。「一人で過ごしたいから、友人の訪問はお断りするつもりです」と言う人もいましたし、逆に「一人は寂しいから一緒に食事をしてほしい」という人もいました。人それぞれの過ごし方でよいですから、自分の気持ちを大事にしてほしいと伝えるようにしています。

ゆらぎを聴く

死別に適応する過程において、心の痛みを経験しつつも悲しみに向き合う「喪失志向」と、現実の生活や新しい役割に向かう「回復志向」の間を揺らぎながら対処すると説明するモデル

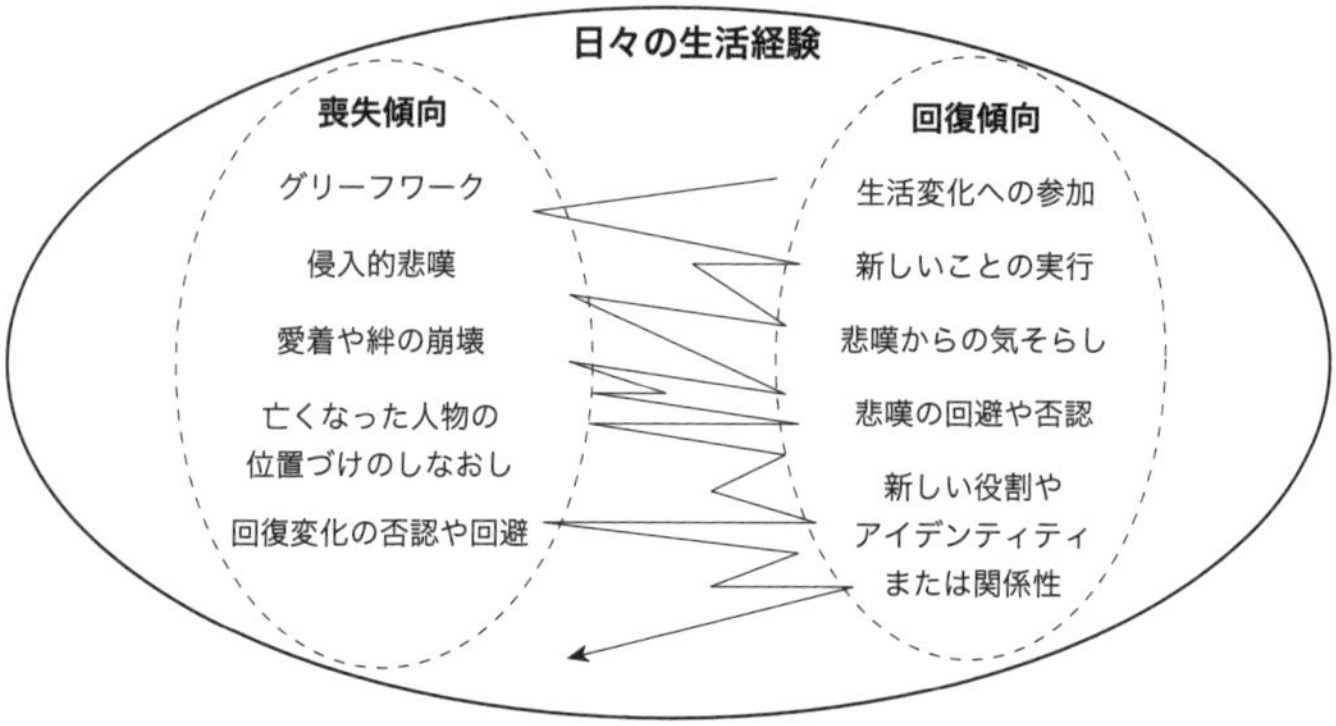

図２　死別のコーピングの二重過程モデル

があります。これは「死別のコーピングの二重過程モデル」（図２）と言います。

泣きながら故人のことを話す時もあれば、まるで何事もなかったかのように忙しく動き回る時もあります。「どっちが本当の姿なの？」と周りの人は思うかもしれませんが、どちらも本当の姿です。喪失志向と回復志向の間を揺らぎながら適応しようとしているのです。

揺らいでいる人の話を聴いていると困惑するかもしれません。しかし、遺族にとっては、それが正常な適応過程です。その時の話に耳を傾け、その時の状態をそのまま受け止めつつ、遺族のペースに合わせて聴き手もともに揺らぎたいと思います。

聴くことの意味

グリーフの中にある人が何を喪失したのか、どのようなグリーフ反応があるのか、丁寧に聴いていきたいと思いますが、そもそもグリーフの中にある人に聴くことはどのような意味があるのでしょうか。次の六つの点を挙げて整理したいと思います。

①安心して語る場を提供する

誰にとっても安心して語る場が必要ですが、大切な人と死別し、グリーフの中にある人のためには、意識して場を設ける工夫が必要です。例えば、家族と死別した子どもたちが登校すると、元気そうに見えるので、教員を含め周りの大人は、その話題には触れないでおこうとします。子どものほうからも話すことがないと、「何も言わないから大丈夫だろう」とケアをしない場合があります。しかし、大丈夫なように見えたとしても、死別を経験した後のケアは大事です。一年後、二年後、あるいは十年後に、精神的な不調を訴える子どもは少なくありません。

親からは「元気そうですから大丈夫です」と聞いていた子どもでも、相談室では「教室では話したくても話せない。話すと泣いてしまう。心配させてしまう。暗い顔をしていたら友だちがいなくなるかもしれない」など、気丈に振る舞おうとしていることがあります。平気なわけではないけれど心配をかけたくない、話したくても話せる相手がいないという話も聴きます。

中には徐々に疲れが出てしまい、学校に行く気力がなくなり、不登校になる場合もあります。早い段階から安心して語れる場、グリーフを表現できる場を提供し、彼らの話に耳を傾けることが必要です。

②自然な反応であることを保証する

さまざまなグリーフ反応が同時に生じることがありますので、遺族は自分がおかしくなったのではないかと心配することがあります。カウンセリングで「こんなに泣くなんて、私はおかしいですよね」と言う人は少なくありません。大切な人と死別しているのですから、泣くことがおかしいはずがありません。ですから、相手の話を聴きながら、「自然な反応ですよ。心配しなくて大丈夫ですよ」と伝えます。

③複雑に絡み合った感情を整理する助けとなる

自分自身が揺るがされるような喪失を体験すると、心の中でさまざまな感情が絡み合ってしまうことがあります。その絡み合った感情は自分だけではどうすることもできませんが、受け止めてくれる相手に話すことで少しずつ整理されていくことがあります。

家族が自死をした後、故人への怒り、故人を失った悲しみ、自分を責める思いなど、さまざまな感情が絡み合い、ただ身体が震えてしまうという人がいました。「いろんな感情があって何がなんだか分からないんです」と頭を掻きむしりながら少しずつ言葉にしていくのを聴いていくことで、その方も少しずつ表現できるようになりました。話す前には言葉にならなかった思いも、誰かに話そう、伝えようと言葉を探していくことで、「あ〜、こんな思いを持つているのか」と気づくことができる場合もあります。聴く人は、「悲しいのですね」「自分を責める思いがあるのですね」とリフレクションしながら聴くことで、感情を整理する助けをすることができます。

④つながるために手を差し伸べる

大切な人との死別によって、人とのつながりを失うことがあります。グリーフの中にある時には、人と会うことを避けたいと思う人も少なくありません。外出して人と会うと「大丈夫？」と聞かれたり、時には心ない言葉をかけられたりすることがあります。人と話していてもつらくなるばかりなので、一人でいたほうがいいと引き込もってしまうことがあります。そのような遺族に無理に話をするように促す必要はありません。しかし、「話したくなったら連絡してね」とメッセージを送る、様子を見ながら「少し話さない？」と声をかけたりするなど、話したくなった時には話せるようにつながり続ける工夫をしたいと思います。

⑤故人とつながるように支える

グリーフケアをする時には、故人の思い出を聴くことも大切だ思います。話の中で故人の思い出話が出てきたら「もう少し教えていただけますか」とお願いするようにしています。時には、写真を一緒に見ながら話を聴くこともあります。

アメリカに家族を亡くした子どものためのグリーフケアをしているダギーセンターという施設があります。そこでは子どもたちが円になって座り、お互いに形見を見せ合いながら、それは誰からもらったもので、自分にとってどのような意味があるのか、短いストーリーを語り合うスモールグループの時間があります。涙を流しながら話す子もいれば、笑顔で話す子もいます。幼いころに死別したお母さんからの手紙を読む子もいました。お互いに思い出を話しながら、聴きながら、亡くなった人との絆を深めているようでした。

自死遺族の方から言われたことがあります。「自死の場合、どのように亡くなったかに目を留める人が多い。でも、どのように生きたかに関心を向けてほしい。」この助言は私がグリーフの中にある人に聴く時の視点を大きく変えました。自死に限らず、故人がどのような人で、どのように生きたのか、無知の姿勢を持ちながら聴いていきたいと思います。そうすることで、語り手と故人との間につながりが生まれ、強められます。そのつながりは、遺族に生きていく力を与えることでしょう。

⑥意味を探す歩みに伴う

人が意味を見いだすことは、生きるために重要であると考えられています。ここで「意味を見いだす」というのは、起こった出来事や状況に対して、自分なりの理由づけをするということです。

お父さんと死別された方が「私は、父が亡くなったことに意味は見つけられません。父には生きていてほしかった」と言われました。私はそれを聴きながら、「そのとおりだろうな」と思い、じっと聴いていました。その人は続けました。「でも父が亡くなって初めて、父から本当に愛されていたということが分かりました。」お父さんが亡くなったことの意味ではありません。その事実から教えられたことがあり、それを知ることがグリーフの中を生きる支えとなっているようでした。

無理に意味を見つけ出そうとする必要はありません。それでも、人に喪失体験を話すことで意味が見いだされる場合があります。人の語りに耳を傾け受け止めることは、その一助となりえます。

◆まとめ◆

本章では、グリーフの基本を振り返り、喪失対象について聴く、グリーフ反応を聴く、そして、グリーフの中にある人の話を聴くことの意味を整理しました。グリーフケアは聴くことから始まります。なぜなら喪失の体験や思いを話すことで、グリーフのプロセスが進んでいくからです。聴く人がいなければ話すことはできません。話さないからといって話したくないわけでも、話したいことがないわけでもありません。話さないのではなく、誰に話したらよいのか分からないので話せないだけかもしれません。それぞれの声に丁寧に耳を傾けながら、その人の立場に立って共感し、受け止めていきたいと思います。聴くという行為が、グリーフのプロセスを歩む人の支えとなるからです。

第9章　ともに歩く

「キリストの愛に基づくグリーフケア」のモデルは、エマオの途上を弟子たちとともに歩まれたイエスさまです。イエスさまが十字架上で死に、葬られたことで、弟子たちはイエスさまとともに歩んできたことの意味が分からなくなり、「この方こそイスラエルを解放される方だ」とイエスさまにかけていた望みも失いました。エルサレムからエマオに向かう弟子たちにイエスさまは近づき、彼らのストーリーに耳を傾け、聖書を説き明かし、ともに食卓に着かれました。この一連の出来事を通して、イエスさまは何をされていたのでしょうか。喪失の中でグリーフを感じ、これからどのように生きていけばいいのか混乱している弟子たちが、立ち上がり歩み始めるためには、彼らがそれまでに生きてきたストーリーが書き換えられる必要がありました。イエスさまは、弟子たちが自分自身でストーリーを書き換えられるように、エマオまでの道のりをともに歩いておられたのです。

弟子たちが生きていたストーリーとはどのようなものでしょうか。それは、メシアが来られて、イスラエルの民を異教徒であるローマ帝国の支配から解放するというストーリーです。弟子たちは、このイエスさまこそが本当のメシアであると望みをかけていたのです。十字架にかかる前、イエスさまは繰り返しご自身の死と復活を預言していました（ルカ18・32～33）。けれども霊的な目が開かれていない弟子たちにはそれが理解できませんでした。ですから、イエスさまが十字架上で息を引き取られた時、彼らは絶望の淵に追いやられたのです。そして、ルカの福音書24章で、クレオパともう一人の弟子はエマオへの道すがら、その絶望のストーリーを語り合い、論じ合ったりしていたのだと思います。

イエスさまは二人に近づき、「歩きながら語り合っているその話は何のことですか」（同24・17）と問いかけました。彼らのストーリーをまず聴いたのです。そして「ああ、愚かな者たち」と嘆き、それから改めて「モーセやすべての預言者たちから始めて、ご自分について聖書全体に書いてあることを彼らに説き明かされた」（同24・27）のです。イエスさまご自身が生きてこられたストーリーを彼らに話されました。それは、弟子たちが繰り返しイエスさまから聴いていたストーリーでした。しかし人は、あるストーリーに頭が支配されている時、別の筋書きでつづられたストーリーは、耳にも心にも入っていきません。イエスさまの説き明かしの後、彼らはともに食卓に着きました。イエスさまがパンを取って神をほめたたえ、裂いて彼らに渡された時、彼らの目は開かれ、イエスさまだと分かりました。ここで初めて、墓に行った仲間が話していた、イエスさまのからだが見当たらなかった（同24・24）という出来事とエマオの途上での体験がつながったのだと思います。イエスさまはよみがえられ、彼らとともに歩き、語り合い、ともに食卓に着いておられたのです。墓にイエスさまのからだがないのは当然のことでした。

こうして、彼らのストーリーは、イエスさまは十字架上で死んで葬られるが、三日目によみがえるという、イエスさまが語り続けておられたストーリーに書き換えられ、そのストーリーを生き始めました。イエスさまが無理矢理彼らのストーリーを書き換えたわけではありません。彼らには、自分たちが信じ、期待し、生きてきたストーリーがありました。それは、イエスさまの十字架上の死によって分断され、先が見えなくなり、行き詰まっていたストーリーですが、イエスさまとともに歩くことで、彼らが考えていたものとは違う、別の筋書きのストーリーに書き換えられたのです。このようなストーリーの書き換えが生じた時、彼らは立ち上がり、エルサレムに戻って行きました。

ストーリーの書き換え／語り直しをするために歩みをともにするというグリーフケアの方法があります。その時の聴き手の役割は、グリーフの中にある人が喪失の意味を模索し、新たな視点を得て、喪失の経験を何らかの形で取り入れながらストーリーを再構築するプロセスをともにすることです。本章では、グリーフケアにおけるストーリーの書き換え／語り直しについて、そのプロセスにおける聴き手の役割を学んでいきましょう。

喪失によるアイデンティティへの影響

愛する人との死別は、人のアイデンティティに影響を与えます。ロバート・A・ニーメヤーは、次のように説明します。

愛する人を失うこと、それは、自分の一部が死ぬということです。愛する人を失うたびに、自分の一部が消えていきます。自己のアイデンティティは、大切な人々、両親、パートナー、子供、友人との関係によって構成されます。その意味で私たちは社会的な存在と言ってよいでしょう。[18]

人のアイデンティティは、他者との関係性の中でつくられています。ですから、アイデンティティに強く影響を与えている人々との死別は、遺された者のアイデンティティに混乱をもたらします。その中で、人は喪失の意味を探し求めます。改めて自分自身について、他者との関係についてなど問い直しながら、自己を見直すことで、アイデンティティを再構築します。

エマオの途上の弟子たちも、彼らのアイデンティティに強い影響を与えていたイエスさまとの死別によって、人生が大きく揺さぶられました。エマオの途上において、その出来事の意味を問い、自分たちはこれから何に望みを置いて生きていけばよいのだろうか、何を信じていけばよいのだろうかと、混乱していました。エマオへの道のりを主とともに歩きながら、彼らもまたアイデンティティを再構築する歩みを始めていたのでしょう。ですから、エマオに向けての歩みは、その後の彼らの人生において不可欠であり、貴重な経験であったと言えます。

アイデンティティとストーリー

喪失後のアイデンティティの再構築について考える前に、アイデンティティがどのようにつくられるのかを考えたいと思います。一説では、人のアイデンティティは、ストーリーを語ることによってつくられていくと言われています。まず、ストーリーは、出来事が順序立てられ、時間軸上でテーマに沿って組織化されることでつくられます。

次に、ストーリーとアイデンティティの関係についてです。自分が生まれてからどのように生きてきたのか、誰と出会い、誰と別れてきたのか、何を失い、何を得てきたのかなど、過去を振り返り、思い出しながら、現在の自分についてストーリーをつづり、それを語ることによって、アイデンティティがつくられていきます。クリスチャンである私たちにとって、ストーリーを語ることでアイデンティティがつくられていくというのは馴染みのあることです。

教会の集会で証《あか》しすることがあります。救いの証しは、救われる前の自分のことを話し、どのようにイエスさまと出会い、信じたのか、そして、今どのような歩みをしているのかを語ります。これまでの人生を振り返りながら、出来事が順序立てられ、過去から現在、そして未来を想定しながら、時間軸上でストーリーが結びつけられます。例えばある集会で「救い」というテーマに沿ってまとめた自分のストーリーを話すとします。主との歩みを振り返りながら、救いの証し（ストーリー）を準備するので、その段階から、キリスト者としてのアイデンティティが整えられていきます。つまり証しする（自分のストーリーを語る）たびに、アイデンティティが育まれるのです。

私の母教会では、日曜日の夜に伝道会があり、少なくとも一年に一回は、救いの証しをする順番が回ってきていたように記憶しています。私が救われて間もない時にした証しと、神学生の時にした証しとでは、救われる前や救われた時の出来事は変わりませんが、罪についての理解や救いの恵みに対する理解などが深まりました。それにより、自分の証し（ストーリー）に厚みが出てくるようになり、より確信をもって語ることができるように変えられていきました。また、自分が証しするだけではなく、人の証し（ストーリー）を聴くこともクリスチャンとしてのアイデンティティの形成に大きく作用しました。

救いの証しというのは、聖霊によって罪を示され、悔い改め、イエス・キリストを救い主として信じる信仰に入るというストーリーです。しかし、いつ、どこで、どのようにそれを体験し、その体験をどのように意味づけるのかは、人それぞれです。人の証しを聴くことを通して、そういえば私にも同じような経験があった、同じように感じたという類似点、あるいは、私はそうは感じなかったなどの相違点を認識することを通して、救いについての理解が深められ、アイデンティティがつくられていきます。

ストーリーを語ること、聴くことを通してアイデンティティがつくられていくというのは、「クリスチャン・アイデンティティ」に限ったことではありません。人は生まれてから成長していく過程において、聴いてくれる周囲の人たちにストーリーを話しながら、同時に誰かのストーリーを聴きながら、生涯にわたり自分づくりをしているのです。

喪失によるストーリーの分断

愛する人との死別を経験する時、ストーリーが分断されます。アイデンティティは過去・現在・未来という時間軸の中でストーリーをつづり、語ることによってつくられています。アイデンティティに強い影響を与えている大切な人との死別によって、ストーリーが分断されるということは、アイデンティティが混乱することを意味します。

エマオの途上の弟子たちもそうでした。イエスさまとの歩みを通して、この方を通してイスラエルが解放される将来を期待していました。ですから、イエスさまの十字架上の死によって彼らのストーリーが分断された時、メシアであると絶対的な信頼を置いていたイエスさまとの関係の中でつくられていた「イエスの弟子」というアイデンティティが混乱していたことでしょう。彼らはエマオに向かう歩みの中で、それまでに経験したすべての出来事について話し合っていました（ルカ24・14）。

ドミナント・ストーリー

ストーリーというのは、ある出来事にまとまりを持たせ、理解を助ける「現実組織化作用」があります。その一方で、すでにでき上がった物語がある出来事の解釈のために参照され、引用されながら、現実理解を一定の方向へと導き制約する「現実制約作用」があるとも言われています。(19)私たちは、新たなストーリーをつくり出して生きると同時に、すでにでき上がっている既存のストーリーを生きる存在でもあるのです。言い換えれば、何らかのストーリーに制約されながら自分のストーリーをつづります。それゆえに、既存のストーリーが自分自身のストーリーを支配することで、他の選択肢が見えづらくなることがあります。このような支配的なストーリーのことを「ドミナント・ストーリー」と言います。ドミナント・ストーリー自体が良い、悪いということではありませんが、それによって現実理解が制約されるために、生きづらさを感じることもあります。

エマオの途上の弟子たちも、あるドミナント・ストーリーの中を生きていました。繰り返しになりますが、彼らだけではありません。当時のイスラエルの民は同様に、メシアが到来し、ローマ帝国の支配から解放してくれるというストーリーを生きていました。先祖から受け継がれて、繰り返し聞かされ続けたストーリーですから、彼らのアイデンティティはこのストーリーに深く根ざしていました。彼らが経験する一つ一つの出来事は、このドミナント・ストーリーを参照しながら解釈されていったことでしょう。ですから、イエスさまの預言が理解できなかったのです。「人の子は必ず罪人たちの手に引き渡され、十字架につけられ、三日目によみがえる」（ルカ24・7）と繰り返し語られたことは、彼らを支配するドミナント・ストーリーとは真逆のストーリーです。そして、イエスさまが十字架にかかり、死に、墓に葬られた時、彼らが信じていたストーリーが大きく分断され、生きる望みを失う結果となりました。

ドミナント・ストーリーに支配されている時には、別の選択肢がすぐそばにあったとしても見えなくなることがあります。そのストーリーによって自分が縛られてしまうために、生きづらさを経験することにもつながります。

あるクリスチャンの女性が夫から長年にわたり暴力を受け続けていました。周りがどんなに「離れたほうがいい、離婚したほうがいい」と勧めても、その人は夫と一緒に居続けました。「『妻は夫に従いなさい』と教えられてきましたから」というのです。彼女は、「妻は夫に従う」というドミナント・ストーリーの下にありました。ですから、たとえ暴力を受けていたとしても、その暴力を受け続けることが夫に従うことであると考えたのです。周りから「それはおかしい、間違っている」と言われても、ドミナント・ストーリーの影響から抜け出すことはできませんでした。

グリーフの中にある人も、何らかのドミナント・ストーリーに強く影響されている場合があります。例えば、介護していた母親が亡くなったのに安堵している自分はおかしい、もっと悲しむべきだと自分を責める人がいます。これは、母親と死別したら悲しむべきだという文化に根ざしたドミナント・ストーリーが影響しているように思います。長い間、母親の介護をして疲れきっているのかもしれません。精一杯介護してきたからこそ安堵しているのかもしれません。ですから、母親の死について安堵する自分を責める必要は全くないのです。グリーフの中にある人がどのようなドミナント・ストーリーを生きているのか、その視点で話を聴いていくことで支援の糸口が見えてくる可能性があります。

オルタナティヴ・ストーリーに書き換える

ドミナント・ストーリーの下で生きている時、別の選択肢が見えづらくなると書きましたが、時にそのストーリーの影響下にはないような出来事が起きることもあります。先ほどの家庭内暴力の例では、周りの人から「夫から離れたほうがよい」という助言を受けるような出来事がそれにあたるかもしれません。そのような出来事が起きても、ドミナント・ストーリーの影響があまりに強いために、その助言をすぐに受け入れることは難しい場合があります。それでも、何かのきっかけで、ドミナント・ストーリーが揺らぎ、代替となるストーリー（オルタナティヴ・ストーリー）をつづり始めるかもしれません。

エマオの途上の弟子たちは、イエスさまが捕らえられ、十字架につけられ、死んで葬られたことを目撃したことでしょう。ところが三日目に墓にはイエスさまのからだがなく、「御使いたちの幻を見た」「イエス様が生きておられると告げた」（ルカ24・23）と言う女性の弟子たちの証言を聴くことで、彼らが持っていたドミナント・ストーリーが揺らぎ始めたことでしょう。二人は「話し合ったり論じ合ったり」（同24・15）しながら、見聞きしたことを整理しようとしていたのだと思います。そこにイエスさまご自身が近づいて、道々歩きながら、彼らのドミナント・ストーリー（同24・19〜24）に耳を傾けてくださったのです。

その上で、イエスさまは、「モーセやすべての預言者たちから始めて、ご自分について聖書全体に書いてあること」（同24・27）を説き明かされました。それは、イエスさまご自身が生きておられたストーリーであり、弟子たちに伝え続けてきたストーリーでした。しかし、彼らはそれを聴いてもなお理解できなかったようです。いよいよ、食卓に着き、イエスさまがパンをとって神をほめたたえ、裂いて彼らに渡された時、ついに目が開かれ、イエスさまだと分かりました（同24・30〜31）。彼らは「道々お話しくださる間、私たちに聖書を説き明かしてくださる間、私たちの心は内で燃えていたではないか」（同24・32）と、イエスさまから聖書の説き明かしを聴いていた間、ドミナント・ストーリーに支配されていた時とは異なる経験をしていたことに気づきます。イエスさまだと分かったこと、そして、聖書の説き明かしの間に心を燃やされていたことへの気づきによって、それまでのドミナント・ストーリーによる支配から解放され、イエスさまが語られていた、そしてイエスさまが生きていたオルタナティヴ・ストーリーへの書き換えが始まりました。

グリーフケアにおいてもストーリーの書き換えが助けになることがあります。ある女性が、がんになりました。彼女には二人の幼い子どもがいましたが、闘病生活の中で子どもたちの世話をすることができません。仕事で忙しい夫にすべて任せていることに対して、彼女は強い罪悪感から、「ダメな母」であり「ダメな妻」であると自分を責めていました。この女性を支配していたのは、「子どもの世話をするのが良い母であり、良い妻である」というストーリーでした。どんなに周りが「あなたは子どもを思う素敵なお母さんですよ」と言っても受け入れることができませんでした。でもある時、子どもたちから「ママのことだいすき。わたしたちがお料理つくるからママ食べてね」と優しい言葉をかけられたそうです。その時に「いつまでも自分を責めていたらだめだな」と思ったそうです。「何もしてあげられなくても、私はこの二人のママなので笑顔でいたい。そのためにも病気と闘おう」と強く決意したというのです。「病気で子どもたちの世話ができないダメな母」から「子どもたちのために笑顔でいるママ、病気と闘うママ」というストーリー（オルタナティヴ・ストーリー）への書き換えが始まりました。

ドミナント・ストーリーの影響の下で生きづらさを感じている時にも、その影響下にはないユニークな出来事が起きることがあります。その出来事がきっかけとなり、ドミナント・ストーリーが揺らぎ始め、ストーリーの書き換えが始まり、その人が生きたいストーリーを生きることができるようになります。

ストーリーを受け止める聴き手の存在

ドミナント・ストーリーが揺らぎ、別のストーリーをつづり始めても、そのストーリーを受け止める存在がいなければ、すぐに元のドミナント・ストーリーの影響下へと引き戻されてしまいます。新たにつづり始めたオルタナティヴ・ストーリーを聴き、受け止める聴き手の存在が不可欠です。個人やコミュニティに受け止められることで、新たなストーリーが分厚くなります。

エマオの途上の弟子たちは立ち上がって、エルサレムに戻りました。彼らは自分たちが経験したストーリーを少しでも早く他の弟子たちに話したかったことでしょう。エマオで食卓に着いたのが夕刻でしたので、エルサレムに戻った時には、すでに暗かったに違いありません。それでも夕暮れの中、足取り軽くエルサレムへと向かう弟子たちの姿を想像します。すでにエルサレムにいた弟子たちも「本当に主はよみがえって、シモンに姿を現された」と語り合っていたようですから、二人が語る「エマオの途上でイエスさまと出会い、パンを裂かれた時イエスだと分かった」というストーリー（ルカ24・35）は他の弟子たちに受け止められたことでしょう。

この「主がよみがえられた」というストーリーは、実は、その日の朝にも女たちによって話されたことでしたが、その時の弟子たちの反応は、「この話はたわごとのように思えたので、使徒たちは彼女たちを信じなかった」（同24・11）と聖書にあります。つまり最初は、女たちのストーリーは、ドミナント・ストーリーに支配されている弟子たちのコミュニティに受け止めてもらえなかったのです。しかし、よみがえられたイエスさまは、弟子たちにご自分の姿を現しました。それらの経験を通して、彼らのドミナント・ストーリーは揺らぎ、その経験を互いに語り合い、聴き合うことを通して、個人としても、コミュニティとしても、「人の子は必ず罪人たちの手に引き渡され、十字架につけられ、三日目によみがえる」（同24・7）とイエスさまが繰り返し語ってきたオルタナティブ・ストーリーに生き始めました。弟子たちが互いのストーリーに耳を傾け合ったからこそ、ストーリーの書き換えが生じたとも言えます。このように、ストーリーを受け止める聴き手の存在はとても大切です。

先ほど紹介した闘病中の女性について、もう少し続きがあります。彼女は、新たにつづり始めたストーリーを夫に話しました。夫は喜んでその話を聴き、「あなたはダメな妻なんかじゃない。生きていてくれるだけでぼくはうれしい」と話したそうです。闘病生活は徐々につらくなっていったようですし、子どもたちのために何もできない状況は変わりませんでしたが、少なくとも長らく感じていた心理的なグリーフは和らいでいきました。彼女のストーリーを聴き、受け止め、サポートする夫の存在は、新たにつづり始めたストーリーを分厚くする助けになったのです。

エマオの途上の弟子たちのストーリーにしても、闘病している女性のストーリーにしても、彼らのストーリーは人に、コミュニティに聴いてもらい、受け止められることによって、ストーリーが分厚くされている点に注目してほしいと思います。ストーリーをつづるのは、話し手と聴き手の協同作業です。話をする、話を聴くという相互作用の中で新たなストーリーがつづられ、そのストーリーは分厚くなっていきます。ストーリーが分厚くなれば、簡単にはドミナント・ストーリーの影響下に引き戻されなくなるでしょう。

聴き手が気をつけたいこと

聴く人が、相手のストーリーを無理に書き換えようとしないように注意する必要があります。聴く人・ケアする人もまたドミナント・ストーリーの中に生きていますから、「こうあってほしい」「こう変われば、幸せになれるのに」との思いを相手に押しつけてしまうことがあるのです。良かれと思ってストーリーの筋書きを書き換えさせてしまうこともありますし、無意識のうちに誘導してしまうこともあります。ですから、自らがどのようなドミナント・ストーリーの影響下にあるのかに気づく必要があります。あくまでも、ストーリーの主体は「グリーフの中にある人」であり、その人が書き換えたいと願うならば、聴き手はその書き換えのプロセスをともに歩きます。

お子さんを事故で亡くした方のお話です。

「私は、愛する子どもを事故で亡くしました。あんな幼い子を一人で歩かせた私の責任です。夫も私を責めて家を出ていきました。私は生きている資格はありません。私は苦しんで当然です。この痛みを乗り越えたいとは思いません。」

このような話を繰り返し聴いていると、聴いているほうが耐えられなくなります。そして言いたくなるのです。「そんなこと言わないで、亡くなったお子さんも、お母さんがいつまでも悲しむのを望んではいませんよ。乗り越えましょうよ」と別のストーリーに書き換えようとします。「いつまでも悲しんでいるのは良くない。悲しみは乗り越えるもの」というドミナント・ストーリーの影響でしょう。それはある意味で「正しい」のかもしれません。そうすれば、この人の痛みは和らぐかもしれません。そう思うと、ますます説得したくなります。けれども聴き手がどんなに説得しても、子どもを亡くしたグリーフの中に居続けたいと願う人のストーリーを書き換えることはできません。本人が願わないならば、書き換えさせるべきでもありません。その人のペースに合わせながら、聴き手は話を聴き、受け止め続けます。

イエスさまは、弟子たちのストーリーを無理に書き換えることはしませんでした。復活の後、マリア、トマス、ペテロと、それぞれの前に姿を現し、それぞれの思いを受け止め、ご自身がよみがえったことを示されながら、一人ひとりに寄り添う主の姿は、私たちのモデルです。誰かによって書き換えられたストーリーは、その人のストーリーとはなりえませんし、その書き換えられたストーリーに生きることはできません。時に聴き手の思いや考えを伝えることはあっても、それを押しつけたり誘導したりしないように心がけましょう。

聴き手の役割は、聴くことです。しかし、聴き手の願いや思いに従って、話す側のストーリーを書き換えるために聴くのではありません。グリーフの中にある人が、喪失の体験の意味を模索しながらストーリーをつづることができるように、その人の話を聴き、受け止めていくのです。

聴き手の役割

グリーフケアにおけるストーリーの書き換えについて学びましたが、最後に聴き手の役割について五つの点から整理します。

①アイデンティティを再構築するプロセスを支援する

喪失後の歩みにおいてアイデンティティを再構築するプロセスをともに歩むことは、聴き手の役割の一つです。ニーメヤーは次のように言います。

大きな喪失を体験すると、再び「昔の自分」には戻れません。けれど、新しい役割に見合った自己のアイデンティティを、努力して再構築することは可能です。[20]

人のアイデンティティは、他者との関係性においてつくられています。死別によって、故人との関係性だけではなく、故人を通してつながっていた人たちとの関係性も変化するかもしれません。また、それまで持っていた役割（妻、夫など）も変わります。ですから、新しい役割に見合ったアイデンティティを新しい関係性の中で構築していくその歩みに伴うことが、聴き手の役割の一つです。

②ともに意味を探し求める

ストーリーをつづるプロセスは、意味を探し求める歩みでもあります。先ほど紹介した子どもと死別したお母さんのストーリーをもう一度読んでみましょう。

「私は、愛する子どもを事故で亡くしました。あんな幼い子を一人で歩かせた私の責任です。夫も私を責めて家を出て行きました。私は生きている資格はありません。私は苦しんで当然です。この痛みを乗り越えたいとは思いません。」

この絶望の中にあるように思われる語りの中にも、意味を探し求める「もがき」が見られます。それは、「私は生きている資格はありません」という言葉です。これは、お母さんが生きる意味を探し求めた末にたどりついた思いでしょう。聴き手は、その思いを受け止めつつ、それでも生きていくこのお母さんとともに意味を探し求めます。

私は東日本大震災の後、被災地でスクールカウンセラーをしていた時期があります。週に二日、片道三時間かけて被災地に通っていました。そこで必ずお会いするお母さんがいました。夫を震災で亡くし、三人の子どもを育てていかなくてはならないけれど、疲れ果てて生きる気力がない状態でした。毎回「私には生きる希望がありません。なんのために生きていけばいいのか分かりません」という語りを一年間聴きました。途中何度か「お子さんのために生きていきましょう」と言いたくなることがありましたが、言いませんでした。そんなことは私が言わなくても分かっていることであり、そのように思えないから悩んでいるのです。私はひたすら受け止め続けました。ある日、その方が「それでも生きていかなきゃって思うようになりました。仕事を探そうと思います」と話されました。その言葉に飛びつきたくなる自分を抑え、その語りを受け止めました。「それでも生きていかなきゃって思うのですね。」すると、「何のために生きるか分からないけれど、生きること自体に意味があるのかなって」と答えが返ってきました。彼女の表情は穏やかでした。絶望の淵から意味を探し求めるのですから、時間がかかることがあります。それでも、聴き手の役割は、グリーフの中にある人の歩みに合わせてともに歩み、一緒に意味を探し求めることです。

③ドミナント・ストーリーによる影響を聴く

聴き手は、話している人がどのようなドミナント・ストーリーの影響を受けているのだろうかという視点を持ちながら聴きます。その時に大切なのは、共感的理解と受容です。相手の立場に立って、この人はどうしてこのように考えるのだろうかと想像しながら聴き、相手を受け止めていきます。そうすることで、語り手がもつドミナント・ストーリーに気づくことができます。

二十歳でがんになり、余命宣告をされた女性が、「親より先に亡くなるなんて、親不孝者ですよね」と自分を責めていました。この方は「子は親よりは長生きすべきだ」とのドミナント・ストーリーに影響されているために、自分がそれまで精一杯生きてきたこと、病気になったのは自分の責任ではないこと、親は悲しいかもしれないが、彼女のことを「親不孝者」とは思っていないことなど、ドミナント・ストーリーによって見えなくなっていることがあるようでした。彼女の思いを受け止めることなしに、「そんなふうに思う必要はありませんよ」と言ったところで助けにはなりません。このような時には、もう少しその思いについて聴いていきます。彼女は親が悲しんでいる姿を見たくないと思っているのかもしれません。自分が弱っていく姿を見せたくないと思っているのかもしれません。その言葉に含まれるさまざまな思いに共感しながら理解していきたいと思います。

人の話を聴きながら、聴き手は自分自身の中にあるドミナント・ストーリーにも気づく必要があります。もしかしたら聴いている人もまた、知らず知らずのうちに「亡くなる順番がある。子どもに先に逝《い》かれる親はつらい」というようなドミナント・ストーリーに影響されているのかもしれません。聴き手が自分自身のドミナント・ストーリーに気づいていないならば、「ご両親は悲しんでいるでしょうね。子どもを先に亡くすのはつらいから」などの言葉をかけてしまうかもしれません。良かれと思って聴き手が放つ言葉が、相手を思いがけず傷つけてしまうことがあるのです。

④ドミナント・ストーリーの影響下にない語りに注目する

ドミナント・ストーリーの影響下にある人でも、その影響が和らぐ瞬間があるものです。エマオの途上の弟子たちも、イエスさまの説き明かしを聴いていた時には、彼らが持つドミナント・ストーリーは揺らいでいたのかもしれません。前に書いた「妻は夫に従う」というドミナント・ストーリーに強く影響されていた女性も、「夫はとても自分勝手だなと思うことがあるんですよ」と話すことがありました。これは、ドミナント・ストーリーの影響が和らいでいる時の語りです。このような語りがなされる時には、「それはどんな時ですか」「その時のことをもう少し教えてくださいますか」と尋ねたり、「それについてあなたはどのように思いますか」と意味や解釈について質問したりしながら聴いていきます。そうすることが、オルタナティヴ・ストーリーをつづり始めるきっかけとなりえます。

⑤オルタナティヴ・ストーリーをともにつづる

オルタナティヴ・ストーリーがつづられる時には、聴き手はその話を聴いたり、質問をしたりしながら、その人がつづりたいストーリーをつづることができるように、そのプロセスをともに歩みます。受け止めてくれる聴き手の存在があってこそ、ストーリーは新しくつづられ、分厚くなっていくからです。

自死遺族の方の中で、家族が自死したことを言ってはいけないと思い、心の中に封印している人は少なくありません。心配してくれる友人に本当のことが言えなくて、苦しい思いを抱え続ける人もいます。「自死であると言ってはいけない」というドミナント・ストーリーの影響下に置かれているからです。これまで、そのような体験をしている自死遺族の方々からお話を聴く機会がありました。「自死とは言ってはいけない」と思っていたけれども、何かのきっかけで信頼できる人に「実は自死だったのです」と思い切って話すことがあったそうです。「どうして自死と言ったらいけないのか分からないから話したいと思った」「別に悪いことをしたわけではないから言いたくなった」など、その理由はさまざまでした。

それぞれがドミナント・ストーリーの支配下から抜け出ようと試みて話し始めるのです。けれども、話を受け止めてくれると信じていた人が戸惑うような表情を見せたり、時には「そんなことを人に言うものではない」と言ったりするなど、せっかく話し始めた語りを改めて封印してしまうことがあるようです。聴き手が話を聴き、受け止めることの大切さを教えられます。

一方、同じように思い切って話し始めた時に、一緒に泣いてくれたり、話せなかった苦しみを受け止めてもらったり、「いつでも話を聴くよ」と言ってもらえたりしたことで、自分の体験を話し続けられた人もいます。このように話し続けることができた人たちは、自分の話を受け止めてもらっただけでなく、そこからの歩みに伴ってもらった経験を持つ人たちでした。聴き手の役割は、ドミナント・ストーリーの影響から解放され、オルタナティヴ・ストーリーをつづろうとする語りを受け止め、ストーリーをつづる歩みに伴うことです。

◆まとめ◆

本章では、グリーフケアの方法の一つとして、喪失後の歩みにおいて分断されたストーリーを語り直すこと、その歩みに伴う聴き手の役割について整理しました。「聴き手」は、個人だけではなく、コミュニティでもありえます。クリスチャンコミュニティの中でお互いのストーリーを聴くことで、話している人も聴いている人もアイデンティティがつくられていきます。また、コミュニティとしてのアイデンティティも、語り合う・聴き合うことでストーリーがつくられていくという側面があります。旧約聖書のイスラエルの民も、繰り返しストーリーを語ること、聴くことによってアイデンティティがつくられました。

後になって、あなたの息子があなたに尋ねて、「私たちの神である主が命じられた、このさとしと掟《おきて》と定めはどういうことですか」と言うなら、あなたは自分の息子にこう言いなさい。「私たちはエジプトでファラオの奴隷であったが、主が力強い御手をもって私たちをエジプトから導き出された。主は私たちの目の前で、エジプトに対し、ファラオとその全家族に対して、大きくて害をもたらすしるしと不思議を行い、私たちをそこから導き出された。それは、私たちの父祖たちに誓われた地に私たちを導き入れ、その地を私たちに与えるためであった。それで主は、私たちがこのすべての掟を行い、自分たちの神である主を恐れるように命じられたのである。今日のように、いつまでも私たちが幸せになり、私たちが生かされるためである。」（申命６・20〜24）

イスラエルの民は、エジプトから救い出されたストーリーを語り続けました。親は子どもたちに語り、子どもたちは親のストーリーに耳を傾けたのです。出エジプトのストーリー、十の災い、過越の夜、紅海の中を歩いたこと、それらは、イスラエルが神さまに属する宝の民であるというイスラエル民族のアイデンティティをつくり上げていきました。

新約の時代に生きる私たちは、イエスさまとの交わりの中で経験するストーリーを教会の中で証しし、語り合い、聴き合うことを通して、主にある者としてのアイデンティティが個々に形成されていきます。それだけでなく、キリスト者の共同体である教会がイエス・キリストを中心とした、キリストのからだであるというアイデンティティもつくられていきます。ですから、教会の中でお互いの証しを聴き、受け止めることは、とても大切な営みであると言えます。

その教会の使命の一つにグリーフケアがありますが、喪失体験によって混乱しているアイデンティティを再構築するためにストーリーを書き換える方法を紹介しました。

人は皆、ドミナント・ストーリーの影響下に生きています。このドミナント・ストーリー自体が良い、悪いというわけではありません。しかし、そのドミナント・ストーリーによって視野が狭まり、生きづらさを感じているならば、その影響下から離れ、オルタナティヴ・ストーリーに書き換えることで、抱えているグリーフがケアされていくこともあります。エマオの途上のイエスさまが弟子たちにされたグリーフケアは、まさにストーリーの書き換えでした。それにより、失意のどん底にいた弟子たちは、復活したイエス・キリストを救い主として信じ、そのキリストを証しする者としての新しいアイデンティティが再構築され、彼らは立ち上がることができたのです。

第10章　ともに嘆く

「どうして私にこんなことが起きるのですか」、「神さまがいるならば、どうして止めてくれなかったのですか。」このような問いをグリーフの中にある人から投げかけられることは少なくありません。二〇二四年元日に能登半島で大きな地震が起きました。災害大国日本に住む私たちにとって地震は珍しいことではありません。それでも私は地震の速報を聴きながら、「神さま、憐んでください。元日から地震です……」と主の前に嘆いていました。今年はどのような年になるだろう、昨年はうまくいかなったことも今年は頑張ろうなど、期待しながら過ごしている人が多かったのではないでしょうか。その始まりの日に地震が起きて、住み慣れた家が崩れ、日常が奪われる経験は、計り知れない精神的なダメージを与えたと思うのです。子どもたちの中には、「新年に目標を立てても意味がない」と、今後の人生に主体的に取り組むことができなくなる子もいるのではないでしょうか。

「どうしてこのようなことが起きるのですか」と問いたくなる出来事は、年々増えているように思います。新型コロナウイルスの蔓延によって、これまでに経験したことのないようなマスク生活を強いられました。ウイルスに感染した家族との最期のお別れをすることも許されませんでした。子どもたちは突然の学校閉鎖にさまざまな反応を見せました。学校が休みになり喜んだ子どもたちもいます。一方、卒業式を前にしてお別れの機会が奪われ、怒りやいら立ちを感じている子どもたちも少なくありませんでした。学校には休まず行くようにと教えられてきた彼らにとっては理解しがたい方針だったのでしょう。感染状況は次第に収まってきましたが、子どもたちの発達に与えた影響はこれから明らかになっていくと思います。

「どうしてこのようなことが起きるのでしょうか」、「なぜ私にこのようなことが……」という問いは、スピリチュアルペインから生じる問いと言われています。客観的な答えがない問いです。グリーフケアにおいては、このような問いを聴くことは少なくありませんが、どのように聴いていけばよいのか難しさを覚える問いでもあります。本章では、スピリチュアルペインについて、またそこから生じる問いをどのように聴くのか、一緒に考えたいと思います。

あらゆる痛みに耳を傾ける

近代ホスピス運動の創始者であるイギリスの医師シシリー・ソンダースは、終末期のがん患

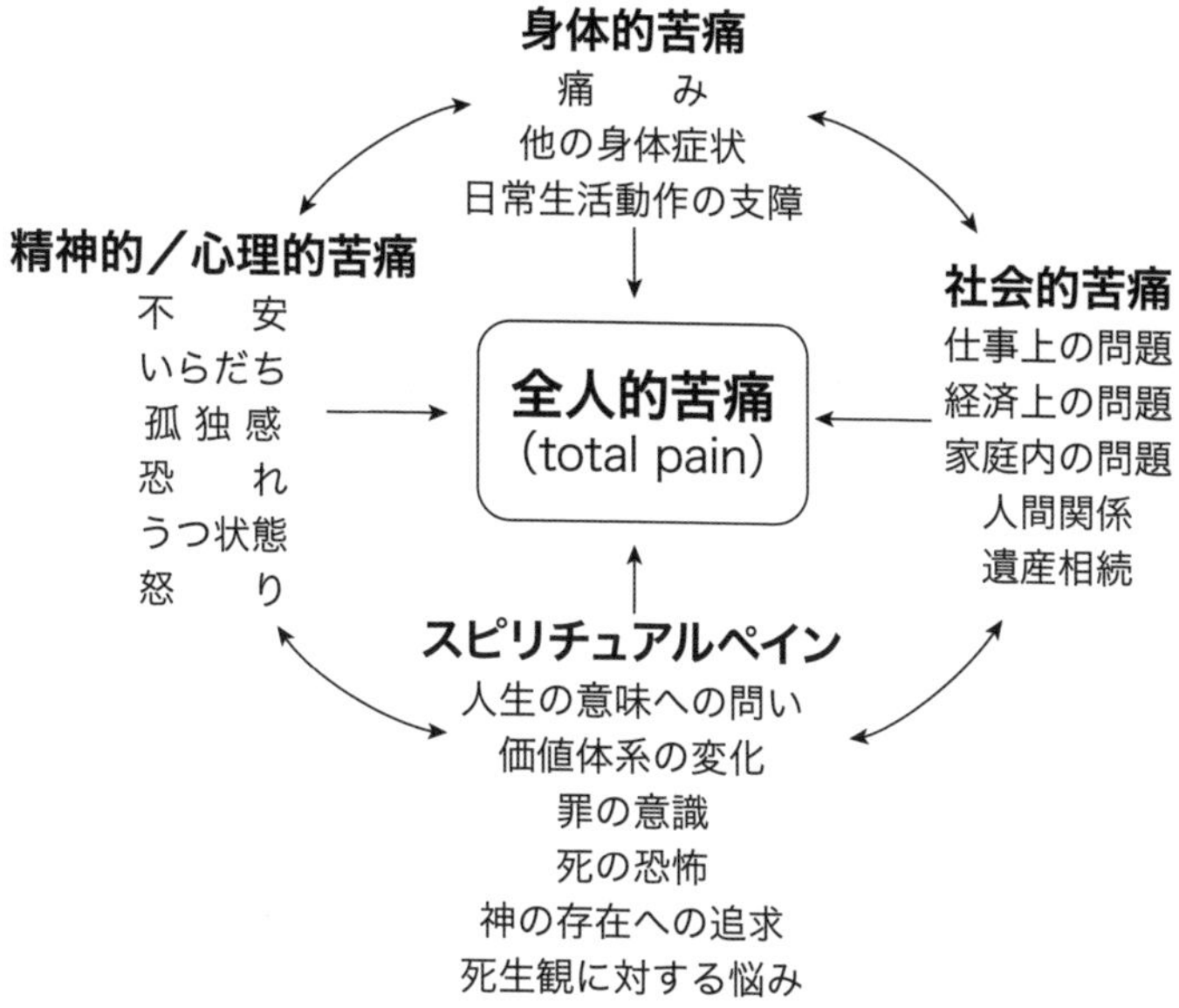

図３　全人的苦痛

者との関わりを通して、全人的苦痛（トータルペイン）の概念を提唱しました。全人的苦痛には、痛み、不快感やだるさなどの身体症状、治療による副作用などの身体的苦痛、不安、いらだち、孤独、怒り、恐れなどの精神的／心理的苦痛、仕事上の問題、経済上の問題、家庭内の問題から生じる社会的苦痛、そして人生の意味への問いなどのスピリチュアルペインが含まれます（図３参照）。グリーフケアをする際には、グリーフの中にある人がどのような痛みの中にあるのか、身体的側面、精神的／心理的側面、社会的側面、スピリチュアルな側面から聴いていく必要があります。

マルコの福音書5章には、十二年の間、長血をわずらっている女性の癒やしのことが書かれています。この女性は、さまざまな痛みの中にありました。長血をわずらっていたので身体の痛みがあったと思われます（身体的苦痛）。「多くの医者からひどい目にあわされて、持っている物をすべて使い果たしたが、何のかいもなく、むしろもっと悪くなっていた」（マルコ5・26）とあります。病気を癒やしてくれるはずの医者からひどい目に遭わされる時、人はどのような精神的／心理的苦痛を味わうのでしょうか。怒りやいら立ちでしょうか、裏切られた悔しさでしょうか、搾取された悲しみでしょうか。「むしろもっと悪くなっていた」とありますから、生きる望みを失っていたのかもしれません。さらに、当時の社会では、長血の女性は「汚れた者」とみなされ、コミュニティから距離をとられ、宗教的な儀式に参加することは許されませんでした。おそらく差別的な目で見られていたことでしょう。孤独を感じながら、「どうして私はこんな目に遭わなくてはならないのだろう」と思っていたかもしれません。このように長年の間、身体的苦痛、精神的／心理的苦痛、社会的苦痛、そしてスピリチュアルな苦痛の中に置かれている人に会う機会があれば、私たちはどのように耳を傾けるでしょうか。

現代社会でも、状況は異なりますが、似たような経験をしている人がいます。重い病気にかかったクリスチャンから、「私が何らかの罪を犯しているから、神さまは私にこんな病気を与えたのでしょうか」と相談されたことがあります。複数の病院に行き、診察をしてもらいましたが、治る見込みがありません。痛みばかりが増していきます。病気のために仕事にも就くことができません。家族からも「あなたがだらしない生活をしていたから病気になるのよ」と責められます。この方の話を聴くための視点を、全人的苦痛のモデルを使って整理してみます。

身体的苦痛	病気から来るさまざまな症状について
社会的苦痛	家族からの理解が得られないことについてどのように感じているのか 仕事に就けないことについてどのように感じているのか 経済的な問題、社会から切り離されているような思いなど
精神的／心理的苦痛	怒り、いらだち、不安、悲しみ、孤独など
スピリチュアルペイン	自分が罪を犯したから神さまが病気を与えたのか 神さまは私を愛していないのか　苦しめようとしているのか

ほかにもさまざまな苦痛が語られるかもしれません。その人が経験するさまざまな痛みに耳を傾け、全人的なケアがなされていく必要があります。語られる言葉の中に表現される思い、

そして語られてはいないが感じているかもしれない苦痛を想像しつつ、共感しながら聴いていきたいと思います。

スピリチュアルペイン

スピリチュアルペインを、身体的苦痛、社会的苦痛、精神的／心理的苦痛の背景に置き、全人的苦痛を説明する方法もあります。スピリチュアルペインは、人の存在そのものが揺り動かされた時に生じる根源的な痛みですから、他の三つの苦痛が取り去られてもなおスピリチュアルペインは残り続けることがあるからです。

スピリチュアルペインと精神的（心理的）苦痛の違いについても整理しておく必要があります。窪寺俊之は、「心理的苦痛が人間関係における不適応や葛藤に根ざしているのに対して、人生の目的、苦難の意味、死後のいのち、罪の意識からの解放などはスピリチュアルペインである。心理的苦痛が主に人間関係的原因で起きるのに対して、スピリチュアルペインは実存的問題に悩むことが原因であるといえよう[21]」と説明します。精神的／心理的苦痛のように、人間関係における不適応や葛藤から生じる問いならば、一緒に考え、解答案を提示できそうですが、スピリチュアルペインから生じる問いが実存的問題に悩むことが原因であるとすれば、問われたとしても客観的な答えを出すことは難しいように思います。

藤井理恵・美和は、スピリチュアルペインを「たましいの（霊的）痛み」とし、「存在の根底に関わる問いの形で表れてくるもの」とし、その痛みに含まれるものとして次の七つを提示しています。[22]

①命の意味（生きている意味）への問い――自分に生きる意味があるのか
②苦悩の意味への問い――どうして自分がこんなに苦しい目に遭わなければならないのか
③人生の価値――本当に価値のあるもの、絶対的に自分を支えてくれるものは何だろうか
④孤独――もう健康にはなれないのか、家族を置いて死ななくてはならないのか
⑤罪責感――こんな病気になったのは今まで悪いことをしてきたからなのか
⑥限界――自分の力では何もできないのか
⑦死や死後の世界への問い――死んだらどうなるのか

また、細田亮は、「思い残し」もまたスピリチュアルペインに含まれると言います。元気なうちにやっておけばよかったのに、もうできないという取り返しのつかない思いから生じる痛みです。[23]

スピリチュアルケア

グリーフの中にある人は、誰しもスピリチュアルペインを持つ可能性があります。不登校の中学生の中には、「どうしてぼくは他の人と同じように学校に行けないんだ。こんなぼくは生きている意味があるのか」と生きている意味を問う子もいます。愛する子どもと死別したお母さんは、「どうして私はこんな目に遭わなければならないのでしょうか、何か悪いことをしたのでしょうか」と問い、病になり身体が思うように動かない人の中には、「自分の力ではもう何もできない、こんな自分が生きている意味があるのか」と苦悩する人もいます。誰かに問いを投げかける人もいれば、自分の心の内側に留めておく人もいるでしょう。表現の仕方はさまざまです。スピリチュアルペインを持つ人にはどのようにグリーフケアをすればよいのでしょうか。またどのように聴いていけばよいのでしょうか。

①沈黙に聴きながらともにいる

人の話を聴いている時、沈黙の時間が流れる時があります。沈黙がとても苦手な人もいて、その沈黙を埋めるために焦って言葉を出そうとします。そして余計な言葉を言ってしまい後悔することがあります。グリーフの中にある人に聴くという時、私たちは言葉で表現されることだけを聴くわけではありません。黙ってそっとそばにいることもまた、聴くことです。スピリチュアルペインから生じる問いが心の中でだけ問い続けられることがあります。このような場合には、長い沈黙の時間が流れることもあるでしょう。ケアする人はただそばに座り、静かに時間を過ごし、そして何も言わずにその場を後にすることもあります。

沈黙に聴くことについて教えられたのは、アメリカでの神学生の時でした。チャプレン実習で神学校の近くにあった退役軍人の老人ホームに一年間通いました。そこでは、学びと実践を交えたプログラムが組まれていました。部屋の訪問の仕方、声のかけ方、聴き方など、丁寧に指導を受けました。私が担当した方の中に、寝たきりで呼吸器をつけたままほとんど動かない人がいました。ノックをして部屋を訪問しますが、その後、部屋で何をしていいのか分からず、戸惑いました。声をかけても、目は開いていますが反応はありません。毎週、いくつかの部屋を訪問することになっていましたが、何度もその部屋を訪問するのは遠慮したいと思いました。ある時、指導教授に私の葛藤を相談したところ、「沈黙を心で聴きなさい」と言われました。「沈黙を心で聴く？？？」当時の私には意味が分かりませんでしたが、毎週の訪問を続け、笑顔で「こんにちは、お元気ですか」と声をかけた後に流れる長い沈黙を聴くように心がけました。「どんな人生を送ってこられた方なんだろう？　家族はいるのかな？　今はどのような気持ちでいるのかな?」などと想像しながら過ごしました。毎回一〇分程度の訪問でしたが、半年以上継続したと思います。ある日、部屋を訪問した時、枕の下にカードが挟まっていました。そのカードには、「おじいちゃん、お誕生日おめでとう」と書かれていました。私も、「〇〇さん、お誕生日だったのですね。何歳になられたのですか? お誕生日おめでとうございます。お孫さんはかわいいのでしょうね」と声をかけました。いつもと変わらず沈黙でしたが、その方の目から涙が頬を伝いました。思わず私も涙を流しながら、しばらくの間その場にいました。その時初めて、それまでの私の声かけが聞こえていたことが分かり、少しだけ心が通じ合えたような気持ちになりました。

この実習で「沈黙を心で聴く」ことに取り組み続けたことで、沈黙を恐れることがなくなったのは収穫でした。沈黙が生じた時には、「この沈黙はどういう意味があるのだろう」と考え、長い沈黙が続いた時には、「何か言葉にならない思いがありますか」と問いかけるなど工夫しながら、ともにいることが大切です。言葉でのやりとりがないからといって、すぐにその場を立ち去らないことです。

スピリチュアルペインは、たましいの痛みであり、根源的な部分が揺さぶられて生じるものですから、そこから発せられる問いは言葉で表現されないことが少なくありません。言葉で表現されても、されなくても、ともに居続けたいと思います。

②ともにもがき、ともに考える

「どうして?」「なぜ?」と問われると、「答えなければ」というプレッシャーを感じ、とりあえず思いつくままに答えを言ってしまい後悔することになりかねません。そもそも、スピリチュアルペインから生じる「なぜ」を問う時には、必ずしも答えを求めているわけではありません。それは、痛みの中にある人のもがきであり、嘆きです。ですから、その問いに答えようとするよりも、一緒に悩み、もがき、考えたいと思います。

震災の後、緊急スクールカウンセラーとして被災地の学校に短い間勤務したことがあります。カウンセリングの中では、スピリチュアルペインから生じる問いがたくさん出てきました。「なんでこんなことになるのですかね。生きる気力が湧きません。」「私が悪いことをしたんですかね。どうして家族が死ななければいけなかったのですかね。」次から次へと問われる「なぜ?」「どうして?」の問いに心が苦しくなりました。けれども、その問いを聴きながら心に感じた苦しみは、被災者が感じている苦しみを理解する助けになりました。その苦しみを感じつつ、被災者が問われることを私も問い続けたからです。問いに答えなければと思って焦りを感じ、その場から立ち去りたいと思うこともあります。でも、「問いに答える」のではなく「一緒にその問いを問い、ともに考える」ように立ち位置を変えることで、同じ方向を向くことができます。カウンセリングの終わりには、「変なことばかり言ってすみませんでした」と謝りながら帰る人もいれば、「一緒に考えてくださってありがとうございました」と言う人もいました。せっかく問いを言葉にして表現しても、表面的な答えを返されたり、話題をすり替えられたりすると、「やはり言うべきではなかった」と再び心の奥にしまい込んでしまうかもしれません。スピリチュアルペインから生じる問いが発せられる時には、ともにその問いを問い、もがき、受け止めていきたいと思います。

ともに嘆く

聴き手がスピリチュアルペインから生じる問いを受け止めたとしても、分からなくて何もできない虚しさだけが心に残る場合があります。私自身、ある日、相談室でそのような思いになり、すっかり元気をなくしたことがあります。ある本を読みながら帰宅していた時に、「To Cry is Human, To Lament is Christian（人は泣く、クリスチャンは嘆く）」という言葉に出会いました。[24]「嘆く」とはどういうことだろうと興味を持ち、読み進めました。嘆きというのは、神さまに向けられる祈りであり、「神さま、あなたはどこにおられるのですか？」「もしあなたが私を愛しているならば、なぜこのようなことが起こっているのですか？」と神さまに向けて問うことです。嘆くことを通して、人は悲しみ、痛み、孤独、怒りなど、心痛む思いを神さまの前に差し出すことができるというのです。私も早速神さまの前に嘆きました。「なぜでしょう？　どうしてでしょう？　私にも分からないのです」と繰り返し嘆いていると、不思議なように心が慰められ、「私は分からないけれど、神さまはご存じですよね。私にはできないですけれど、神さまにはできますよね」と信仰が与えられました。そして、その日は賛美歌を聴きながら帰宅したことを覚えています。嘆きによって信仰が与えられ、嘆きが賛美へと変えられた経験でした。

カウンセリングの中で人の話を聴く時、抱えきれない思いを持つことは少なくありませんが、カウンセラーはその思いの持って行き場がありません。人から尋ねられることがあります。「人の悩みをたくさん聴くけど、どうやって自分のケアをしているの？」この質問をされると、実はとても困ります。なぜなら、私は自己ケアが得意ではなく、抱え込んでしまうためによく体調を崩すからです。この働きを続けるために何とかしなくてはいけないと悩んでいたので、「嘆き」について教えられた時には、暗闇に光が差し込んでくるように感じました。

詩篇の中には嘆きの祈りが多くあります。例えば22篇1節です。

わが神　わが神
どうして私をお見捨てになったのですか。
私を救わず　遠く離れておられるのですか。
私のうめきのことばにもかかわらず。

ダビデによる嘆きの祈りです。そして、イエスさまもまた十字架上で、「わが神、わが神、どうしてわたしをお見捨てになったのですか」（マルコ15・34）と父なる神さまに向かって叫びました。苦難の中にただ独り見捨てられているような思いになり、神を遠くに感じながら、「あなたとともにいる」「あなたを愛している」と言われた神さまはどこに行ってしまったのか、もはや私を愛していないのかという祈りを神さまに向けるのが嘆きです。

失望のどん底に突き落とされるような時にも、神さまへの「なぜ」を問い続けることで信仰が与えられ、心は賛美と希望へと導かれていきます。詩篇22篇の続きを読んでみましょう。

けれども　あなたは聖なる方
御座に着いておられる方　イスラエルの賛美です。
あなたに　私たちの先祖は信頼しました。

彼らは信頼し　あなたは彼らを助け出されました。
あなたに叫び　彼らは助け出されました。
あなたに信頼し　彼らは恥を見ませんでした。（22・3〜5）

ダビデは嘆きの中で、神さまがイスラエルの民に対して行われた御業を思い出し、神さまを賛美しています。だからといってダビデの心の中に感じていた苦悩が全くなくなったわけではありません。ダビデは続けます。

しかし　私は虫けらです。人間ではありません。
人のそしりの的　民の蔑みの的です。（22・6）

ダビデは苦悩の中にいながら、それを神さまの前に正直に差し出し続けています。私たちは賛美をしながらも、心の中では変わらずに苦闘していることがあります。時々、「私は賛美の心が与えられ、それまでの痛みがなくなりました」という証しを聞くことがあります。神さまがそのような御業をなしてくださることもあるでしょう。しかし、多くの場合には、瞬時に一〇〇パーセント変化するというよりは、痛みと賛美の中を行きつ戻りつしながら、神さまへの祈りの中で徐々に心が整えられ、信仰が深められていくのではないかと思います。

コロナ禍で次々と家族を亡くされた求道者の方に聞かれたことがあります。「なぜ、神さまはこんなひどいことをするのですか？」　息子を自死で亡くした信仰歴の長いクリスチャンの方からも、「どうして、神さまは息子を止めてくださらなかったのですか？　神さまは愛ですよね？　愛の神さまは息子が死ぬのを見過ごしにされるのですか？」　詰め寄るように問い続けるそのお母さんの目には涙があふれていました。そして言うのです。「そんな神さまなら私は信じない。教会なんて二度と行かない。」愛する息子を失いグリーフの中にある時、神さまを疑いたくなるのは理解できます。ましてや神さまを賛美するなどできないと思う気持ちも想像できます。これは他人事ではありません。私たちもまた、同じような状況に置かれると、信仰が根底から揺るがされるかもしれないのです。

「Trust the one who keeps you trusting.（あなたの信仰を保ってくださる方を信頼しなさい）[25]。」存在を根底から揺さぶられるような苦しみに遭う時、どうすれば神さまへの信仰を持ち続けることができるのでしょうか。「たとえ、あなたと一緒に死ななければならないとしても、あなたを知らないなどとは決して申しません」（マタイ26・35）と揺るがない信仰を告白したペテロは、すぐにイエスさまを裏切りました。しかしそんなペテロの信仰が、イエスさまの祈りによって支えられたことを私たちは知っています。

「しかし、わたしはあなたのために、あなたの信仰がなくならないように祈りました。

ですから、あなたは立ち直ったら、兄弟たちを力づけてやりなさい。」（ルカ22・32）イエスさまはペテロが試練に遭うこと、ご自身を裏切ることをご存じでした。ですから、その信仰がなくならないようにと祈ってくださったのです。ペテロの弱さを知っておられたイエスさまは、私たちの弱さをも知っておられます。そして今も神の右の座で私たちのためにとりなしをしてくださっています（ローマ8・34）。ですから、ともにいてくださる主が私の信仰を保ってくださると信頼したいと思います。どのような苦しみに遭う時にも、主に嘆くことができるのは、クリスチャンの特権であり、恵みです。

◆まとめ◆

本章ではスピリチュアルペインから生じる問いを聴き、受け止め、ともに嘆くことを学びました。グリーフケアにおいては、スピリチュアルペインを持つ人へのケアはとても重要です。答えがない問いを問い続けること、その問いを聴き続けることで、痛みが深まっていくようにさえ感じます。それでも、私たちはグリーフの中で意味を見いだしたいので問い続けます。長い暗闇の中を歩くことがあるでしょう。しかし、「見よ。わたしは世の終わりまで、いつもあなたがたとともにいます」(マタイ28・20)という約束のみことばが与えられています。そして、主はその約束に真実であってくださいますから、ともにおられる主に嘆きながら、主を信頼しつつ、グリーフの中にある方とともに歩み続けたいと思います。

第3部　まとめ

「キリストの愛に基づくグリーフケア」の土台は聴くことです。ですから、第3部では、グリーフの中にある人に「聴く」というテーマに取り組みました。大切なものを喪失する時、自分自身が大きく揺さぶられます。グリーフケアをする人は、その人が何をどのように喪失したのかを丁寧に聴きながら、アイデンティティを再構築していくプロセスをともに歩みます。そのプロセスにおいてはスピリチュアルペインが語られることもあるでしょう。ともにおられる主に嘆きつつ、スピリチュアルペインから生じる問いに誠実に取り組んでいきたいと思います。

「キリストの愛に基づくグリーフケア」が広がり、一人ひとりの魂がケアされ、癒やされ、神のかたちへと回復していくために、主の愛の通り良き管となりたいと思います。そのためには、まず自分自身が主からのグリーフケアを受け続け、神のかたちへと回復していくために、主とともに歩み続けたいと思います。

私たちの主イエス・キリストの父である神、あわれみ深い父、あらゆる慰めに満ちた神がほめたたえられますように。神は、どのような苦しみのときにも、私たちを慰めてくださいます。それで私たちも、自分たちが神から受ける慰めによって、あらゆる苦しみの中にある人たちを慰めることができます。（Ⅱコリント1・3〜4）

おわりに

「キリストの愛に基づくグリーフケア」のモデルは、エマオの途上のイエスさまです。復活されたイエスさまが、エマオに向かう弟子たちとともに歩まれた姿に倣《なら》いたいと思います。イエスさまと食卓に着き、裂かれたパンを渡された時、弟子たちの目が開かれ、イエスさまだと分かり、彼らは立ち上がってエルサレムに戻っていきました。エマオからエルサレムへ戻っていく彼らの姿に、私たち信仰者は励まされます。しかし、覚えておきたいことは、まずエルサレムからエマオへの道のりで、イエスさまは近づき、聴き、説き明かしながら、ともに歩まれたということです。エルサレムからエマオへのイエスさまとの歩みがなければ、イエスさまが復活の主であると分かり、立ち上がり、エルサレムに戻ることはなかったでしょう。エルサレムからエマオへの歩みをイエスさまが弟子たちとともに歩まれたことこそ、意味があるのだと私は思います。

私たちの人生においても、大切な人やものを喪失し、生きる望みもなくなり、「神さま、あなたはどうしてこのようなことが私に起こることを許されるのですか」と神さまに叫びたくなることがあるかもしれません。周囲から心ない言葉をかけられ、「誰も分かってくれない」と、心の深い部分に孤独を感じることもあるでしょう。神さまのことが分からなくなり、神さまに背を向けて歩き始める時もあるかもしれません。そのような時には、イエスさまの約束を思い出してください。

「見よ。わたしは世の終わりまで、いつもあなたがたとともにいます。」（マタイ28・20）

イエスさまは、私たち一人ひとりとともにいてくださる方です。それは一方的な恵みでしかありません。ですから、私たちはこの恵みを無駄にはしたくはありません。内に住まわれる聖霊なる神さまに導かれ、グリーフの中にある人とともに歩む私たちと、イエスさまがともにいてくださいます。

グリーフの中にある方に伝えたいことは、次の一言に要約されるでしょう。

「**神はあなたとともにいます。**」

これからの歩みにおいて深い悲しみがあなたを襲うこともあるでしょう。信仰が弱くなってしまうことも、神さまのことが分からなくなることもあるかもしれません。たとえそうであっても、何ものも私たちの主キリスト・イエスにある神の愛から、私たちを引き離すことはできません。「わたしはあなたとともにいる」と語られる神さまの契約に対する真実さが、私たちにとっての慰めであり、希望なのです。

しかし、これらすべてにおいても、私たちを愛してくださった方によって、私たちは圧倒的な勝利者です。私はこう確信しています。死も、いのちも、御使いたちも、支配者たちも、今あるものも、後に来るものも、力あるものも、高いところにあるものも、深いところにあるものも、そのほかのどんな被造物も、私たちの主キリスト・イエスにある神の愛から、私たちを引き離すことはできません。（ローマ8・37〜39）

注

（1）ヘンリ・ナウエン『静まりからうまれるもの』（太田和功一訳、あめんどう、二〇〇四年）四六頁

（2）ジョン・ウェスレー『ジョン・ウェスレー説教53（中）』（竿代信和・河村従彦・藤本満訳、イムマヌエル綜合伝道団教学局、一九九七年）一九九頁

（3）ジョン・N・オズワルト『「聖き」を生きる人々――旧約聖書から新約聖書へ「聖」の探求』（伊藤真人・國重潔志訳、日本聖化協力会、二〇〇九年）五五頁

（4）ジョン・N・オズワルト『「聖き」を生きる人々』四二頁

（5）ヘンリー・J・ノーエン、ドナルド・P・マックネイル、ダグラス・A・モリソン『コンパッション――ゆり動かす愛』（石井健吾訳、女子パウロ会、一九九四年）三〇頁

（6）松木邦裕『耳の傾け方――こころの臨床家を目指す人たちへ』（岩崎学術出版社、二〇一八年）五〜六頁

（7）鷲田清一『聴くことの力』（ちくま学芸文庫、二〇一五年）二〇〇頁

（8）西田正弘・高橋聡美『死別を体験した子どもによりそう――沈黙と「あのね」の間で』（梨の木舎、二〇一三年）一一二頁

（9）K. J. Gergen, The Social Constructionist Movement in Modern Psychology. *American Psychology 40* (1985): 266-275

（10）鷲田清一『語り切れないこと』（角川学芸出版、二〇一二年）三六～三七頁
（11）鷲田清一『噛み切れない想い』（角川学芸出版、二〇〇九年）一四頁
（12）河合隼雄・鷲田清一『臨床とことば』（朝日文庫、二〇一五年）一九四頁
（13）C・R・ロジャーズ『ロジャーズが語る自己実現の道』（諸藤祥彦・末武康弘・保坂亨訳、岩崎学術出版社、二〇〇五年）五一頁。原著は、C. R. Rogers, *On Becoming a Person: A Therapist's View of Psychotherapy* (New York: Houghton Mifflin, 1961)
（14）C・R・ロジャーズ『ロジャーズ選集（上）――カウンセラーなら一度は読んでおきたい厳選33論文』（伊東博・村山正治監訳、誠信書房、二〇〇一年）二〇頁
（15）C・R・ロジャーズ『ロジャーズが語る自己実現の道』一一〇～一一一頁
（16）H・J・M・ナウエン『傷ついた癒し人――苦悩する現代社会と牧会者』（西垣二一・岸本和世訳、日本基督教団出版局、一九八一年）一一六頁
（17）H・J・M・ナウエン『傷ついた癒し人――苦悩する現代社会と牧会者』一二九頁
（18）ロバート・A・ニーメヤー『〈大切なもの〉を失ったあなたに――喪失を乗りこえるガイド』（鈴木剛子訳、春秋社、二〇〇六年）七九～八〇頁
（19）野口裕二『物語としてのケア――ナラティヴ・アプローチの世界へ』（医学書院、二〇〇九年）二二～二六頁
（20）ロバート・A・ニーメヤー『〈大切なもの〉を失ったあなたに――喪失を乗りこえるガイド』八一頁
（21）窪寺俊之『スピリチュアルケア概説』（三輪書店、二〇一八年）三四～三五頁

(22) 藤井理恵・美和『増補改訂版　たましいのケア —— 病む人のかたわらに』(いのちのことば社、二〇〇九年)二二一〜二二六頁
(23) 細田亮『スピリチュアルペイン —— 終末期医療に携わる医師が明かす死を待つ人の「魂の痛み」とは』(幻冬舎、二〇一九年)六六頁
(24) Mark Vroegop, *Dark Clouds, Deep Mercy: Discovering the Grace of Lament* (Wheaton, IL, Crossway Books, 2019) p. 26
(25) Mark Vroegop, *Dark Clouds, Deep Mercy: Discovering the Grace of Lament*, p. 84

あとがき

本書は、心のケアミニストリー「タリタ・クム」主催の傾聴セミナーを通して私自身が教えられたことをまとめたものです。これまで、各地でセミナーを開催してきましたが、本書を執筆していた二〇二三年にも、本郷台キリスト教会では年間を通じての傾聴セミナーを開催していました。セミナー参加者の皆様、そして、のあインターナショナルスクールの皆様には、主にあるつながりに感謝します。

これまでの人生の歩みを振り返りながら本書を執筆しましたが、改めて私を導いてくださった二人の牧師に感謝します。

一人は、母教会であるインマヌエル別府キリスト教会で長年にわたり牧会をされた徳田由紀子先生です。私は高校生の時に教会に行き、救われました。クリスチャン一世であった私にとって、教会はすべてが新しく、戸惑うことも多かったように思います。神さまのことが分からなくなり、教会から何度も離れそうにもなりました。由紀子先生は、もがきながらも神さまを求め続けていた私のために毎日祈り、毎週のように手紙を送り、集会のたびに私の話にじっと耳を傾け、クリスチャンとしてのアイデンティティを育ててくださいました。当時、繰り返し開かれたヨハネの福音書12章24節は、今の私にとって大切なみことばです。

「一粒の麦は、地に落ちて死ななければ、一粒のままです。しかし、死ぬなら、豊かな実を結びます。」

もう一人は、故長谷美代子先生です。天に召される前、闘病しながらも私のために祈り、主の御心へと導いてくださいました。長谷先生の最後の言葉がなければ、今の私はありません。私も長谷先生のように、死に至るまで主に忠実でありたいと思います。

出版までの道のりをともに歩んでくださったいのちのことば社の峯島平康氏、山口暁生氏、そして、快く校正を引き受けてくださった金子麻美氏、中岡直美氏に感謝します。「キリストの愛に基づくグリーフケア」をシリーズとして出版するために多くの助けをいただいています。文章を書くのが得意ではない私の背中を押し、第一部の内容について多くの助言をくれた愛する夫・敬人に感謝します。また、最愛の父・永野憲一、母・淑子には、「ありがとう」の言葉だけでは言い表せない感謝の思いがあります。本書の出版を楽しみにしている両親の喜ぶ姿を見ることができるのは、私にとっての幸いです。

最後に、「見よ。わたしは世の終わりまで、いつもあなたがたとともにいます」との約束に真実であってくださるインマヌエルの神さまに本書をささげます。

二〇二四年五月

岩上　真歩子

シリーズ「キリストの愛に基づくグリーフケア」
聴くことからはじまる
〜わたしはあなたとともにいる〜

2024 年 6 月 25 日発行

著　者　岩上真歩子
印刷・製本　日本ハイコム株式会社
発　行　いのちのことば社
〒 164-0001 東京都中野区中野 2-1-5
TEL 03-5341-6920
FAX 03-5341-6921
e-mail：support@wlpm.or.jp
ホームページ http://www.wlpm.or.jp/

新刊情報はこちら

乱丁落丁はお取り替えします　Printed in Japan

ISBN978-4-264-04503-8